Caro lettore,

il libro che hai tra le mani non è come tutti gli altri. È stato infatti prodotto attraverso un sistema di *print on demand*. Ciò significa che la tua copia è stata confezionata appositamente per te, in seguito al tuo ordine. Non è una copia stampata tra mille altre e lasciata lì in attesa che qualcuno l'acquistasse; è *tua*. Ti chiediamo dunque scusa se per averla hai dovuto sopportare qualche piccolo disagio, se hai dovuto affrontare spese di spedizione o tempi di attesa più lunghi del previsto; in compenso, questo sistema di stampa e distribuzione ti ha permesso di poter acquistare un libro – il tuo libro – che altri editori, legati ai sistemi tradizionali, avrebbero considerato inutile ristampare. Noi, al contrario, così facendo ti offriamo la possibilità di leggerlo.

Nel salutarti ti ringraziamo di avere scelto le Edizioni Trabant e ci auguriamo di rivederti sulle pagine di un altro volume.

Buona lettura.

le Edizioni Trabant

ARTICOLO 25

7

Isbn 978-88-96576-65-6

Edizioni Trabant – Brindisi
Prima edizione: 2015
Seconda edizione: 2021
www.edizionitrabant.it
redazione@edizionitrabant.it

GIOVANNI GENTILE

DIFESA
DELLA FILOSOFIA

Edizioni
Trabant

Notizie Biografiche

1875

Giovanni Gentile nasce il 29 maggio 1875 a Castelvetrano, in provincia di Trapani. Il padre Giovanni gestisce una farmacia a Campobello di Mazara; la madre Teresa Curti è figlia di un notaio. Il giovane compie gli studi superiori in Sicilia, il ginnasio a Castelvetrano e il liceo a Trapani.

1893-1897

Si trasferisce a Pisa dopo aver vinto una borsa di studio alla Scuola Normale, dove frequenta la facoltà di Lettere e Filosofia.

1902-1914

Conseguita la laurea, si dedica all'insegnamento della filosofia, dapprima nelle scuole superiori (il liceo "Mario Pagano" di Campobasso e il liceo "Vittorio Emanuele" di Napoli), successivamente nelle università: insegna filosofia teoretica e storia della filosofia presso vari atenei (Napoli, Palermo, Pisa, Roma). A Pisa conosce Benedetto Croce, con cui intraprende un lungo rapporto epistolare; Croce in più occasioni lo difende nel corso di alcune polemiche con l'ambiente accademico.

1914-1918

Nel periodo della guerra iniziano i primi dissidi con Benedetto Croce. A parte alcuni disaccordi di natura filosofica, è la guerra a fare da primo spartiacque: Gentile, a differenza del suo più anziano collega, si schiera, dopo qualche dubbio, a favore dell'intervento, unendosi a chi considera la guerra il compimento del Risorgimento.

1922-1923

Nell'immediato dopoguerra, Gentile non manifesta posizioni favorevoli al nascente fascismo. Tuttavia, dopo la Marcia su Roma e la formazione del primo governo Mussolini, accetta la nomina a Ministro della Pubblica Istruzione e a Senatore del Regno, impegnandosi nel progetto, che caldeggiava da tempo, della riforma della scuola italiana. Ciò sfocia nel 1923 nella cosiddetta Riforma Gentile, una serie di decreti legislativi che riorganizzano completamente la struttura dell'istruzione nel nostro paese.

1924-1925

In seguito alle polemiche relative all'omicidio Matteotti, Gentile si dimette da ministro. Tuttavia, non viene meno la sua adesione al fascismo, in cui intravede la possibilità di una rigenerazione nazionale. Nel 1925 pubblica il Manifesto degli Intellettuali Fascisti: l'evento sancisce la definitiva rottura con Benedetto Croce, promotore in risposta del Manifesto degli Intellettuali Antifascisti.

1925-1943

Mentre il regime sviluppa la sua organizzazione totalitaria, Gentile aumenta via via il suo impegno nella cultura italiana, diventando uno degli intellettuali più in vista del ventennio. Ricopre diversi incarichi istituzionali: direttore scientifico dell'Enciclopedia Italiana dell'Istituto Treccani (1925-1938), direttore della Scuola Normale di Pisa (dal 1932), direttore della Nuova Antologia. In alcuni casi non condivide le posizioni del regime: non approva i Patti Lateranensi del 1929, contrari alla sua visione laica dello Stato, e dissente dalle Leggi Razziali del 1938 (è ancora oggi oggetto di dibattito se sia stato tra i firmatari del Manifesto della Razza). Nessuno di questi contrasti lo portano però a rinnegare il suo appoggio al fascismo.

1943-1944

Dopo una iniziale titubanza, aderisce alla Repubblica Sociale di Mussolini, pur rifiutando incarichi di governo, ma soltanto di natura accademica. Additato dalla Resistenza come uno dei principali responsabili morali del fascismo, e del presunto appoggio dato alcune azioni di rastrellamento nei confronti dei partigiani, inizia a ricevere minacce di morte, ma rifiuta la scorta. Il 15 aprile 1944 un commando dei GAP lo uccide davanti alla sua villa a Firenze. Il Comitato di Liberazione Nazionale prende le distanze dall'omicidio, il solo Partito Comunista approva e rivendica il gesto. Tre giorni più tardi è sepolto nella basilica di Santa Croce.

DIFESA DELLA FILOSOFIA

DOPO VENT'ANNI

Scrissi vent'anni fa questo libro[1] in difesa dell'insegnamento della filosofia nei licei, allora minacciato da chi presiedeva alla direzione dell'istruzione media in Italia. Ma da allora più volte ho avuto occasione di fare tra me e me un rigoroso esame di coscienza, per essere entrato nel dubbio che mi fossi lasciato trascinare dalla foga giovanile a non conceder nulla alla tesi degli avversari. Perché, per dir la verità, più d'una volta in tutto questo tempo, ispezionando licei, conoscendo insegnanti, leggendo testi scolastici e vedendo a che cosa potevasi ridurre quest'insegnamento della filosofia, nel quale avevo già avuto tanta fede, mi è accaduto di dover riconoscere ora l'uno ora l'altro inconveniente a cui tale insegnamento va incontro, e il pregiudizio che ne può derivare alla scuola.

La filosofia, per informare seriamente gli animi e adempiere il suo proprio ufficio, non dovrebbe essere una particolare materia d'insegnamento; perché essa, al pari della religione, ha tale natura da investire tutta la personalità e compenetrare di sé tutta la cultura. Non si può essere filosofo a certe determinate ore e in certe determinate occasioni, se non si vuole trasformare la filosofia in un formalismo vuoto e pedantesco che disabitui dal sentire il valore dei problemi, a

---

[1] Pubbl. allora col titolo: *L'insegnamento della filosofia nei licei*, Palermo, Sandron, 1900.

cui la filosofia mira, e che sono nel fondo dello spirito umano, anche quando noi li disconosciamo. Il che non significa né che tutti i professori di un liceo debbano essere filosofi, né che il professore di filosofia abbia ad insegnare tutte le materie; ma soltanto, che tutti gl'insegnanti si inspirino a un criterio filosofico e tutti gl'insegnanti che collaborano alla stessa scuola, coadiuvino l'opera di quello di filosofia, facendo per lo meno sentire il limite in cui si restringe la loro parte, e rispettando e insegnando a rispettare quelle questioni alle quali essi non si affacciano per deliberato proposito. Bisognerebbe che tutta, insomma, la cultura che entra nella scuola fosse orientata in guisa da promuovere, o almeno consentire la riflessione filosofica.

Condizione che manca troppo spesso oggi nella nostra cultura nazionale, e viene perciò a mancare nell'ambito della scuola, in cui tale cultura si rispecchia. E in cui accade che il professore di filosofia, insieme col bagaglio delle sue dottrine, spesso è fatto oggetto di sorrisi, di frizzi, di sarcasmo da parte dei colleghi, ai quali pur non mancano talvolta notevoli titoli alla stima e all'affetto degli alunni. Ed è evidente che un insegnamento filosofico in tali condizioni, anziché desiderato, dovrebbe essere rifiutato e combattuto dagli amici della filosofia.

D'altra parte, la filosofia per produrre i buoni frutti, che si ha ragione di attenderne, dovrebbe poter entrare nella scuola senza snaturarsi. Anche nel liceo la filosofia dovrebbe essere... filosofia, sia pure elementare. Elementare potrà essere nel senso di una filosofia, per così dire, iniziale: la quale non si potrà far valere criticamente in maniera perentoria di fronte alla coscienza filosofica più elevata storicamente raggiunta, ma dovrà essere nondimeno, in se stessa, una totalità organica e completa. Una filosofia elementare nel senso che consti di elementi, di particelle, in cui si delibi questo o quel problema e si acquisti questa o quella idea, donde soltanto un lavoro ulteriore, adatto a intelligenze più mature, potrà ricavare l'organismo di un sistema, integrandoli con altri elementi e riconnettendoli tutti alla luce di un principio superiore; una tale filosofia è un assurdo. Perché chi dice filosofia, dice sistema e pensiero unitario; e con frammenti o elementi non si ottiene unità e non si ricostruisce mai né un pensiero, né altro che abbia vita e significato. Invece i programmi (modestissimi programmi, discreti programmi, che per un pezzo ho badato a ripetere che basterebbe intendere con intelligenza, e che ho sempre scongiurato i riformatori di non toccare) parlano di elementi di filosofia; e specificano questi elementi richiedendone di psicologia, di logica e di etica, come tre parti, ciascuna delle quali possa stare per sé, e tutte bene distinte e separate da altre parti della filosofia destinate ad essere ignorate dagli alunni del liceo. E molti insegnanti, come, non fosse altro, dimostrano i vari manuali comunemente adottati, intendono cotesti programmi come una scelta, o meglio una spigolatura che tocchi ad essi di fare nel vasto campo della filosofia, lasciandosi andare a credere che per entro a questo campo si possano infatti cogliere alcuni fiori, informarsi, cioè, di alcune questioni, prender conoscenza di alcune famose idee, di certe notizie che meritano di entrare nel patrimonio della cultura comune. Poniamo: tutti parlano di sensi, e di rappresentazioni, e di memoria, e di linguaggio; e tutti, più o meno, sono convinti che l'uomo sia un animale ragionevole e perciò ragioni: orbene, si potrà pretendere di essere persone colte senza sapere alquanto precisamente che cosa s'intenda per senso e di quante specie esso sia, e che significhi per l'appunto rappresentazione, e come l'uomo parli, e come ragioni? Tutte cose belle certamente a sapersi, che sono state studiate dai filosofi, e che si possono apprendere dai loro libri. La filosofia così diviene una serie di conoscenze utili, e sarà più bravo tra i maestri chi più ne farà apprendere, e migliore tra i libri quello che ammannirà, *ad usum Delphini*, un maggior numero, secondo gli ultimi accertamenti o le conclusioni più accettabili delle discussioni più recenti. A questo si riduce pur troppo la filosofia, per

solito. E non è più filosofia, perché la filosofia non è una o più conoscenze, ma è pensiero; non è contenuto, ma forma del sapere. E
quando della stessa forma del sapere altri s'è fatto un contenuto, non
solo egli non è venuto a contatto con la filosofia, ma ha finito col
mettersi in condizione di non più capire in che la filosofia possa consistere.

La filosofia non è erudizione. Molte sono le materie insegnate nelle
scuole medie, che per loro natura sono dominate dalla tendenza a riuscire un semplice corredo del cervello. Troppi già sono i dati, i rag-
guagli d'ogni sorta, di cui si pretende rimpinzare le menti, nell'età del
più vigoroso sviluppo, quando più esse hanno bisogno d'aria e di
libertà. E la filosofia, trattata essa stessa come un certo numero di
questioni, di cui convenga informarsi e di nozioni da appropriarsi, è
una nuova causa di malattia che si aggiunge alle altre; laddove essa
dovrebbe essere una medicina o un corroborante, onde si conservasse
o riacquistasse il vigore della mente e tutte le materie di studio potes-
sero quindi valere di vital nutrimento. La filosofia dev'essere, sia pure
inizialmente, costituzione della personalità: quella che ordinariamen-
te si dice educazione morale, ma che non può darci il vero carattere,
il vero uomo, se non si suggella colla coscienza che l'uomo deve avere
di se stesso, della sua dignità e del suo posto nel mondo, della sua
natura e del suo conseguente destino.

La filosofia, dunque, fa spesso ne' licei, o può parere che faccia, più
male che bene. E molte considerazioni potrei aggiungere in questo
senso, che ora per brevità tralascio, le quali potrebbero dimostrare che
il male è più grave che non si creda. Ma da questo genere di considerazioni non mi sono mai creduto autorizzato, da ultimo, a conchiudere che sia meglio non farne nulla e darla vinta a coloro che vogliono, o almeno volevano, abolito nei licei l'insegnamento della filosofia. E le ragioni principali che mi hanno mantenuto fedele alla mia
tesi son due.

La prima ragione è che tutti i difetti dell'insegnamento filosofico si riducono a questo: che la filosofia che s'insegna ò una filosofia cattiva, invece della quale ci dovrebbe essere quella buona, ma non è possibile veramente che non ce ne sia nessuna. Abolite l'insegnamento specifico di filosofia, non nominate più professori di filosofia; ebbene, una filosofia, una cattiva filosofia, si continuerà lo stesso a insegnare da altri insegnanti, poiché ognuno, a modo suo, è filosofo, anche senza saperlo. Posto dunque che una filosofia ci sarà sempre, meglio che ne' licei ce ne sia una, che faccia obbligo a qualcuno di studiarla seriamente. Prima o poi, in una scuola o nell'altra, ci sarà chi senta degnamente quest'obbligo e abbia intelligenza e coscienza da adempierlo; e la sua opera sarà buon seme che germoglierà come gran di spelta; e basterà essa a propagare nella cultura nazionale la buona pianta del pensiero. E poi, non c'è un taglio netto tra la cattiva e la buona filosofia. E questa, da che ce n'è stata una, è venuta su sempre dalla trasformazione della prima. La quale all'uomo d'ingegno darà quando che sia materia e incitamento a una riflessione critica, penetrante, riesaminatrice e riorganizzatrice dello stesso sapere ricevuto e abituale, e iniziatrice di un nuovo pensiero, di un vero pensiero. Non è mai buon consiglio quello di chiudere ermeticamente le finestre e tappare ogni buco, sol perché a finestre aperte, quand'è nuvolo, ci si vede poco.

L'altra ragione è che questa cattiva filosofia delle scuole medie è pure la cattiva filosofia delle università e di tutta la cultura scientifica italiana. E per lo stesso motivo, per cui si abolirebbe l'insegnamento filosofico nei licei, si dovrebbe pur abolire negli istituti superiori e alla filosofia dare la caccia da per tutto. Che è stata pure l'idea di quelli che hanno pensato che la filosofia sia come la poesia, dono dei celesti, che nessuna poetica può insegnare, e non s'insegna mai infatti se non adulterata e scambiata con surrogati mistificati. Ma io non sono di questo parere, e mi permetto di credere che anche la poesia s'insegni, non dai trattatisti di poetica, almeno da quei pedanti, che l'hanno ridotta a regole empiriche ed astratte, bensì dagli stessi poeti, leggendo i quali, i sommi, tutti abbiamo appreso che sia poesia. In fondo, è questione d'intendersi; ma s'insegna tutto; perché lo spirito non è mai così individuale, che, ciò nonostante, anzi appunto perciò, non sia assolutamente universale. Anche la filosofia s'insegna; beninteso, dai filosofi. I quali, certo, son pochi, e non più dei poeti; ma ciascuno non è un essere così esclusivamente privilegiato da non aver niente di comune cogli altri uomini. È della stessa natura di tutti gli altri; che è la ragione per cui ciascuno può parlare a tutti, ed essere inteso; e il poeta o il filosofo bisogna pure cercarlo in ciascuno per poterlo trovare in qualcuno. E perciò si vuol usare (certo, con discrezione) qualche larghezza e lasciare a molti la possibilità di correr l'arringo. Dai tentativi, dagli errori discussi e dimostrati per tali, dalle ricerche non sempre coronate da felice esito, aspettare la luce, la verità, la filosofia. Il pensiero italiano negli ultimi decenni ha progredito; gli studi filosofici sono stati coltivati nel nuovo secolo con fervore tra la simpatia sempre crescente degli uomini colti. Via via che la filosofia guadagnerà terreno nell'alta cultura e negli studi, anche l'insegnamento filosofico dei licei sarà naturalmente condotto a rispondere sempre più pienamente al suo fine.

E perciò io mantengo la mia antica fede, e ristampo il mio libro giovanile così come nacque, con qualche ingenuità ed oscurità da esordiente e qualche idea o parola, che anche a me riesce ora piuttosto acerba.

Roma, 4 novembre 1921.

I

INTRODUZIONE

La filosofia si direbbe destinata in un prossimo avvenire ad esser cancellata dal novero delle discipline assegnate all'insegnamento liceale. Le vecchie minacce si sono di recente ripetute[1] con tanta insistenza e tono così sicuro, che la sentenza di bando pare già pronta; e non so che si aspetti per apporvi la firma e pubblicarla. Ma si può credere che non passerà molto tempo, e la si udrà strombettata con gran plauso di tutti i benemeriti giornali didattici e di tutti i nostri illustri pedagogisti.

Può parere quindi un'ingenuità o un'ignoranza delle più elementari norme della procedura venire innanzi a parlare per l'insegnamento della filosofia. L'accusato è convinto della sua colpa; la sentenza è scritta; la difesa ormai inutile.

Ma io credo che un appello ci sia ogni qual volta la sentenza non sia stata pronunziata dal tribunale competente; che in questo caso sarebbe, mi pare, quello della scienza pedagogica. Questa la mia ingenuità e fors'anche la mia ignoranza... della procedura. Credo che quando la causa non sia stata decisa dal tribunale competente, non si

---

[1] [Alludevo a una Relazione ufficiale dell'allora direttore generale dell'istruzione media Giuseppe Chiarini, che era stata pubbl. nel *Boll. Uff. del Min. della P. I.* del 16 novembre 1899. E contro questa relazione è diretto tutto il libro].

corra il pericolo che la cosa passi in giudicato. Tanto meno in seguito a un processo così sommario, com'è stato quello toccato all'insegnamento filosofico.

Io pertanto procurerò di dire perché la filosofia debba tuttavia continuarsi a insegnare, come se si aspettassero le mie osservazioni da coloro, che hanno il potere di conservarne o abolirne l'insegnamento. Procurerò di dirlo con animo spregiudicato, come si conviene parlare nel tribunale supremo della verità. Né voglio sospettare che, così parlando, la mia voce sia per riescire ad alcuno molesta, per quanto si favoleggi che la verità sia condannata a starsene in un pozzo, e che le si dia sempre sulle dita, quando si provi ad arrampicarsi e mettere fuori il capo.

Soltanto, mi sembra opportuno aggiungere qui una dichiarazione: che io parlerò sempre supponendo che si accetti come tipo della scuola media la classica. Né mi curerò della guerra che a questa scuola si vien facendo da qualche anno; non già perché sia una guerra trascurabile, ma perché è certamente meno minacciosa di quella che vien diretta contro l'insegnamento filosofico; e poi perché di nemici è sempre meglio combatterne uno alla volta. Le ragioni del resto che, secondo me, stanno in favore della scuola classica, risulteranno già dall'insieme delle considerazioni, che mi verrà fatto di esporre a proposito del mio tema.

Gli studi moderni e i tecnici non possono essere se non fine a se stessi, possono soltanto servire, – non dico all'educazione; che non sono educativi, – ma all'istruzione di quanti, senza curarsi di una formazione superiore dello spirito, mirano ad acquistare rapidamente una data capacità tecnica e professionale, di profitto immediato. È gravissimo danno per la cultura generale della nazione, che anch'essi diano adito alle università. Nelle quali, certo, c'è pure il fine professionale; ma deve starsene, e se ne sta infatti, in seconda linea, lasciando il primo posto all'interesse scientifico. Anch'io pertanto fo voti perché il nostro istituto classico possa elevarsi, purificarsi e sottrarsi al presente ibridismo, pratico se non teorico, per cui oggi (ahimè) dev'essere affollato da un numero esorbitante di alunni, che non desiderano altro che uscirne (e al più presto) per correre all'università a strappare una laurea, che dia loro da vivere.

A ciò l'istituto classico non può prestarsi: e gli si fa continuamente violenza, non aprendo altre vie a cotali giovani, cui preme l'urgente bisogno di una professione. E cotesto ibridismo, com'è risaputo, non travaglia la sola scuola secondaria; ma altresì l'università, costretta anch'essa a servire due padroni, senza riuscire veramente a servirne nessuno. Ora, il problema della scuola secondaria e dell'università, per questo rispetto, è unico; né mi pare che in Italia, oggi almeno, si possa risolvere. Ma, intanto, l'*odi profanum vulgus et arceo* dovrebbe essere l'imperativo categorico di tutti gl'insegnanti ginnasiali e liceali, che hanno a cuore la scuola secondaria.

Certo, è un fuor d'opera, quasi ridicolo, stimolare questo *vulgus profanum* alla ricerca filosofica, quando esso va in cerca di qualche cosa che si possa mangiare; ma non è forse un fuor d'opera, addirittura ridicolo, dargli a masticare per otto anni di fila verbi irregolari greci e latini, con la pretesa, per di più, che li digerisca e ne faccia buon sangue?

E pure le recenti riforme, di cui si vien facendo l'esperimento, accrescono ancor più l'ibridismo della nostra scuola classica, come tenterò di provare; e le piaghe di essa s'inciprigniscono sempre peggio. Sicché ai molti insegnanti di lettere, cui la filosofia non è passata mai né anche per l'anticamera del cervello, e che ora con un certo risolino a fior di labbra cominciano a cantare l'esequie all'insegnamento filosofico, giova far notare che il male è comune: e mi verrebbe anche voglia di soggiungere, che, infine, mal comune è mezzo gaudio; se, per me lungi dall'esser un gaudio, questo scadimento incessante della nostra scuola classica non fosse uno de' fenomeni più tristi tra questi affannosi e spesso ciechi sforzi che fa la nuova Italia per risorgere dall'antico servaggio.

II

IL PROCESSO ALLA FILOSOFIA

Perché si deve insegnare la filosofia nella scuola secondaria classica? – Intorno a questa domanda non ci sono state finora, ch'io sappia, se non più o meno abili schermaglie polemiche; e gli amici della filosofia non hanno combattuto con armi diverse da' nemici; che è come dire, con armi non filosofiche; perché i nemici della filosofia non sono stati mai propriamente filosofi. Ragioni empiriche o volgarmente aprioristiche hanno addotto gli uni contro l'insegnamento filosofico; né a prò di esso ne hanno recate gli altri di meno empiriche o meno volgarmente aprioristiche. Si è ragionato col senso comune, nemico così spesso anche del buon senso.[1] S'è dato peso all'osservazione del primo venuto, non foss'altro perché essa rappresentava pure una voce dell'opinione pubblica. Già; fin di questa s'è creduto che s'avesse a tener conto; perché (chi non lo sa?) questa scienza nostra, *res omnium res nullius*, non ha bisogno di speciali cultori, ed è per l'aria. Chi respira, se ne imbeve, e perciò avrà bene il diritto di dir la sua fra quegl'ingenui che si logorano il cervello per capir qualche

---

[1] Chi non ricorda l'arguto commento che il Manzoni fa alla notizia del Muratori, di quella *tal gente savia non molto persuasa che fosse vero il fallo di quegli utili velenosi?* "Si vede ch'era uno sfogo segreto della verità, una confidenza domestica: il buon senso c'era; ma se ne stava nascosto, per paura del senso comune": *Promessi Sposi*, cap. XXXII. Dove taluno ha veduto una punta contro la dottrina del *senso comune* del Lamennais.

cosa. Infatti, nessuno pensa ad usurpare il dominio dei fisiologi, o de'
matematici, o de' chimici, e d'altra qualsiasi maniera di cultori di
scienze speciali; ma il dominio dei filosofi è dominio di tutti, se è permesso dire che i filosofi abbiano un dominio. Or dunque, l'opinion
pubblica porta il tale e il tal altro giudizio sulla filosofia. E bisogna
farne caso, e guardare un po' se abbia un fondamento, e quale; e che
ammaestramento quindi se ne possa ricavare. Oggi, per esempio, la
filosofia è in ribasso: dunque, s'ha da insegnare ancora o no nella
scuola media? Che ne dicono i padri di famiglia? – E, per verità, in
uno Stato, in cui le leggi devono essere l'espressione del volere popolare, come si potrebbe chiuder l'orecchio a quella voce di Dio, che è,
come ognun sa, la voce del popolo? Cicerone non sapeva che si dire,
quando scrisse quelle parole che così spesso citano gli orgogliosi filosofi: «*Est enim philosophia paucis contenta iudicibus, multitudinem
consulto ipsa fugiens eique ipsi et suspecta et invisa, ut... si quis uni-
versam velit vituperare, secundo id populo facere possit!*». Si vede bene
che è un cittadino d'una repubblica d'ottimati chi parla così; ma
ormai, vecchio Tullio, dopo tanto progresso di democrazia, ti puoi
andare a riporre! La tua filosofia *paucis contenta iudicibus* ha fatto il
suo tempo.

E qui gli amici della filosofia si son messi a dare l'allarme contro gli
eccessi della democrazia. Alfredo Fouillée, suo caldissimo amico, ha
scritto anni fa un'eloquente lettera a proposito di una polemica dibattutasi in Francia fra storici e filosofi intorno alla portata e ai limiti
dell'insegnamento filosofico:[2] *Les dangers de la démocratie!* Il brillante filosofo delle idee-forze annoverava tre gravissimi pericoli, che si
corre in democrazia: 1. la generalizzazione dell'utilitarismo e dello
spirito positivo; 2. lo scetticismo intellettuale e morale; 3. l'intolle-

---

[2] Ne diede ampia notizia il prof. C. CANTONI, *Una polemica in Francia sull'insegnamento
della filosofia nei licei*, estr. nella *Riv. ital. di filosofia* (maggio-giugno 1894).

ranza, che non si può scompagnare dai precedenti.[3] Quanto all'intolleranza, è da credere che i buoni democratici francesi non vi avranno prestato fede; giacché essa, se si riaffaccia col positivismo e con lo scetticismo, ha infierito certo assai più tirannicamente in nome del dommatismo; e qualcuno, se avesse avuto qualche notizia, così, ad orecchio, di storia delle idee filosofiche, avrebbe trovato molto a ridire anche circa agli altri due punti; che, a mo' d'esempio, Platone, tutt'altro che utilitarista e scettico, potè sorgere in mezzo alla più sbrigliata democrazia; e Hobbes, d'altra parte, tutt'altro che democratico, fu un grande sostenitore dell'utilitarismo; e lo scetticismo degli Accademici non coincide per certo col fiorire d'un reggimento democratico. E poi chi ha detto che la filosofia sarà l'antidoto a cotesti mali, che sovrastano alle democrazie? L'utilitarismo, il positivismo, lo scetticismo non sono anch'esse filosofie, che nel nostro tempo han molti e valenti seguaci che l'insegnano? Voi date un allarme, che può ben essere dato dai nostri stessi avversari. Che se volete, come pare vogliate, prescrivere all'insegnamento filosofico un indirizzo, più o meno determinato, di filosofare, quasi programma, al quale deva uniformarsi la dottrina dell'insegnante, oh! voi sanzionerete la più funesta intolleranza, e verrete infine a negare quella filosofia, che propugnate: la filosofia della libera ricerca, che vive appunto del contrasto e del dibattito delle opinioni; verrete a tarpare le ali a ogni spontaneo e schietto filosofare: negherete insomma la libertà, che è la vita vera del pensiero!

Ecco, voi proponete un programma abbastanza liberale. Ma quando do in esso, al numero 2, segnate: «Impossibilità d'assorbire la psicologia nella fisiologia», voi chiudete l'uscio sul viso a quei materialisti, che avranno, come credo anch'io, tutti i torti di questo mondo; ma

---

[3] Vedi *L'enseignement philos. et la démocratie*, in appendice al vol.: *Le mouvement idéaliste et la réaction conter la science positive* par A. FOUILLÉE, Paris, Alcan, 1896, pp. 320-2.

sono anch'essi filosofi, che non si può bandire senza intolleranza dalla repubblica filosofica. Così, per un altro esempio, quando dite, al numero 7: «I dati dell'esperienza e l'attività dello spirito», voi accennate certo, a parere di quasi tutti i filosofi moderni, la giusta soluzione del problema della conoscenza; e la soluzione, che giova poi a porre ne' giusti termini il problema della morale. Ma, c'è un gran ma; ed è che l'empirismo puro e l'intuizionismo non vogliono saperne dell'attività dello spirito; e che il vostro programma insegnato da seguaci di siffatti indirizzi, non può riuscire se non alla peggiore specie di filosofia, fondata necessariamente sulla teoria della doppia coscienza.

E se invece di Alfredo Fouillée fosse chiamato a scrivere il programma un filosofo utilitarista e scettico, – e in Francia non ne mancano, – la filosofia potrebbe più essere invocata contro *les dangers de la démocratie?*

La filosofia è essenzialmente libertà; e la libertà, in generale, insieme co' suoi beni inestimabili porta pur seco gravi pericoli. La libertà procede sul sottilissimo taglio d'una lama affilata, da una parte della quale c'è la licenza, – il più bestiale dei vizi umani – dall'altra, la tirannia. Or fate procedere la vostra filosofia su quel taglio: pensate un po' quanti pericoli le sovrasteranno sempre.

Ecco il genere delle difese e delle accuse, che si son fatte e si fanno attorno alla filosofia; difese e accuse che non c'è bisogno di esser filosofi per farle; e che lasciano quindi, com'è naturale, il tempo che trovano, e rimandano ognora la causa da un tribunale all'altro, lasciandola sempre *sub iudice.*

Questa, per altro, la sorte di tutte le questioni pedagogiche; perché, fra l'altre cose, di pedagogia tutti si credono in diritto di parlare (per la semplice ragione, che tutto il genere umano civile si divide in due grandi schiere: di coloro che insegnano, e di coloro che imparano o hanno imparato), e così non cade nemmeno in pensiero che si debba tener conto della storia che anche in questo campo hanno le idee, che si sono costituite in scienza; che si debba leggere quanto si è scritto da chi s'è occupato di proposito delle questioni educative; che si debba far ricorso a quelle scienze, o a quella scienza tutt'altro che comune e alla portata di tutti, in cui appunto il progresso di quelle idee ha dimostrato che la pedagogia seria ha il suo natural fondamento. E in verità, se si avesse ad acquistar prima di tutto una così lunga e non facile preparazione, il diritto di tutti sarebbe bello e ito. Non ci mancherebbe altro!

Ma se questa di rimaner sempre aperte è un po' la sorte di tutte le questioni pedagogiche, essa specialmente è la sorte di quella che ora abbiamo alle mani. E il perché è evidente: egli è che non si conoscono bene nemmeno i termini della questione. Che cosa è la filosofia?

– Un ottimo amico, non molto addentro, a dire il vero, in nessuna sorta di studi, sapendomi professore di filosofia, e volendo avere una idea di quel che fosse questa professione, un giorno m'apriva candidamente l'animo suo: «Ma che cosa è codesta filosofia? Vi dico la verità: ne ho sentito tante volte parlare, ma non sono riuscito mai a sospettare di che si trattasse». Non ebbi animo di rispondergli che bisognava studiarla, per sapere che cos'è, la filosofia; volsi in burla il discorso, e si fece insieme una risata, quantunque non ci fosse molto da ridere per me; che in fondo tra questo amico, che ha da pensare a tutt'altro che a studi, e i mille, più o meno dotti, che scribacchiano alla giornata e si fan nome di sapienti, e sorridono a parlare di filosofia, compiacendosi di ripetere la vecchia freddura, che la filosofia è la scienza delle cose che tutti sanno e delle cose che nessuno saprà mai, o altra sciempiaggine simile, non c'è differenza, se ne togli il candore simpatico dell'amico. E il caso così generale è una delle prove più tristi dell'ignoranza umana. Perché, com'è noto, oltre l'ignoranza degl'ignoranti, v'ha anche l'ignoranza dei dotti; che è di due specie: la dotta ignoranza del Cusano, la quale coincide con la filosofia, perché è essenzialmente consapevolezza, ed equivale alla vera scienza; e la dotta ignoranza dei puri eruditi, più o meno smarriti nella selva del sapere empirico, e pur tronfi della loro morta erudizione, di cui ignorano il valore, poiché non ne possiedono l'anima, lo spirito che ne faccia un vivente organismo: quello spirito, che è lo stesso spirito umano, o semplicemente, lo spirito, tema speciale della filosofia.

E quest'ultima ignoranza è la più ostinata, la più restìa al verace sapere, e nello stesso tempo la meno screditata, se pure non ammantata di luccicante boriosità agli occhi della moltitudine, e però la più funesta.

Ma, per tornare a noi, la fitta nebbia che offusca il concetto della filosofia, è il più grave ostacolo a una soluzione generalmente accettabile della questione relativa al suo insegnamento. Mettete insieme a discutere due abili sofisti che non abbiano aperta mai una sola grammatica, intorno al valore e all'utilità della grammatica comparata; e aspettate un po' che si vengano ad accordare in una conclusione purchessia, non del tutto sbalorditoia.

Pure, quando si tratta di filosofia, dispute di questa serietà e utilità sono, non dico ammesse, ma certo non giudicate del tutto irragionevoli; quantunque sorgano e si reggano proprio, come in ogni altro caso, in cui per tutti sarebbero evidentemente intollerabili, sull'assoluta incoscienza dell'oggetto stesso della discussione. Così si discuterà in eterno, con quel frutto, che è agevole indovinare, e si combatterà con quello stesso bel fondamento dei due celebri cavalieri che si battevano per la superiorità dell'Ariosto o del Tasso, senza aver letto mai nessuno dei due.

Il guaio è che, laddove tante altre discussioni di questo genere se, oziose come sono, fan perdere il tempo solo a chi le fa, ma non recano pregiudizio a nessuno e tanto meno alle sorti degli studi e della scienza che vi si bistratta, nella questione invece dell'insegnamento filosofico, dalla conclusione a cui arrivano (troppo lesti, in verità, e troppo facilmente) certi disputatori, derivano non di rado danni considerevoli alla cultura e agli studi della nazione, – se non proprio alla scienza, i cui destini sono molto al di sopra del volere degli uomini. Ed è, manifestamente, un danno, al quale non vedo possibile rimedio diretto e immediato. Non ne vedo, perché il sapere non è cosa che si possa importare come una merce; tale che gli sia a un tratto accessibile un popolo, a cui da un pezzo sia stato estraneo. Il sapere è produzione spontanea dello spirito; e lo spirito è quello che è, è quello che una lunga storia lo ha formato; e secondo la sua capacità, è atto o meno a produrre; e quando non è atto a produrre, non produce; e il sapere è impossibile. In questo caso, – tristissimo caso! – gridate con quanto fiato avete in corpo: griderete al vento. La luce non piove dall'alto allo spirito; ma irraggia dall'intimo del suo essere.

Ora, in Italia, la luce del pensiero è rimasta indebolita e come spenta per una lunga notte secolare; né vi ha speranza, che si riaccenda a un tratto, finché non ci si risolva a prendere sul serio la filosofia. Son molti oggi, è vero, e sto per dire anche troppi, i cultori della filosofia in Italia. Ma sanno tutti questi nostri filosofi che cosa sia la filosofia?

– O che? S'ha da insegnare adunque una disciplina, che non sanno nemmeno i suoi cultori che cosa sia? Ma essa dunque, non è altro che una favola, un'araba fenice? –

Ebbene, vorrei dirlo in un orecchio agli amici, che non mi sentisse nessun nemico della filosofia: – Nei libri di filosofia che si pubblicano da qualche tempo in Italia, a me, schiettamente, vuol parere che questa benedetta filosofia ci faccia né più né meno che la parte dell'araba fenice:

> Che ci sia, ognun lo dice;
> Dove sia, nessun lo sa.

Il concetto della filosofia è smarrito; e quel che più urge, è reintegrare, restituire questo concetto. I nemici della filosofia lo sanno, perché lo han sentito, oh! lo han sentito da un pezzo dai più riputati filosofi. I quali tutti più o meno han detto chiaramente questo: che da noi tutto oggi si faccia o si tenti di fare: un po' di psicologia empirica, un po' di gnoseologia, un po' di quella che dicesi ora morale sociale (come se ci fosse morale non sociale), un po' di logica, – formale s'intende, – e un po' anche di storia della filosofia; e insomma di tutto un po'; ma tutto senza vera e propria filosofia, che è per sua natura metafisica. E nessuno scrive un saggio di metafisica, mentre pur tutti son persuasi di far della filosofia. Segno manifesto, che s'è perduto di vista il vero concetto filosofico.

Ma non insistiamo troppo su certi tasti, che ora non sono opportuni, e ritorniamo al proposito. Checché ne sia dei filosofi, certo oggi chi parla in Italia contro la filosofia, è ben lontano dal conoscere la sua essenza e la sua ragion d'essere. Si sa quello che in filosofia richiedono i nostri magri programmi liceali, che parlano di elementi di psicologia, di elementi di logica e di elementi di etica; ma niente si dice in particolare contro alcuna di queste speciali e determinate discipline, che, almeno in ciò che ciascuna di esse ci dà di nozioni elementari, non possono essere rifiutate da nessuna persona appena appena mediocremente colta. O che s'avrebbe a conoscere la botanica, la chimica, la mineralogia, e ignorare del tutto il carattere dei fatti fondamentali dello spirito umano? E perché questa degradazione dell'uomo, che di tutto s'avrebbe ad occupare, eccetto che di se stesso? No; le accuse contro la filosofia son dirette a quel di più che gli insegnanti non possono trascurare insegnando psicologia o morale, ma che non è propriamente né psicologia né morale. Qualche altra cosa, che non si sa precisamente che cosa sia; un certo tentativo affannoso di sollevare il velo che nasconde all'occhio umano un mistero impenetrabile, di aprire quel libro chiuso con sette suggelli, di cui parla l'Apocalisse; una mania morbosa di annaspare nel vuoto, rinunziando a ogni senso del reale, della vita, del positivo; un abito ingenuo di pascersi di chimere, di perseguire ombre, quasi fossero corpi saldi; e un assillo continuo di ragionare su tutto, di cercare il pelo nell'uovo, di costruire arzigogoli, che annebbino l'intelletto; una ostinata convinzione che tutta la realtà deva entrare, anche a suo marcio dispetto, in quel letto di Procuste che sono le categorie a priori della metafisica, e che ciò che non è razionale, non sia reale, e che non debbasi quindi tenere stretto conto dell'esperienza, malgrado ogni pretesa di tutte le scienze particolari. Infine, un bisogno di astruserie, che non possono non riuscire esiziali, con tutto il resto, a una retta educazione dello spirito giovanile. Tutto questo, su per giù, si teme dall'opera dei filosofi nella scuola; e perciò si propone che quelle nozioni di logica e di etica (e ora par che si faccia anche la grazia alla psicologia) le quali di per sé non possono se non giovare, si facciano rientrare nel programma del professore di lettere italiane e di storia. *Sit viva, dum non sit diva.* Si continui pure ad insegnare questo po' di filosofia elementare, a patto che non abbia una cattedra, si rassegni ai ritagli di tempo che potran dedicarvi insegnanti di altre materie più importanti.

La paura non è dunque di quel tanto che prescrivono i più recenti programmi, ma più tosto di ciò che i programmi non dicono, e s'immagina presso a poco al modo che ho detto. Orbene, che s'immagini tutto questo ed altro ancora, è naturale: è la vecchia storia di Aristofane critico di Socrate; ed è naturale, – l'ho da dire? – perché questo benedetto concetto della filosofia è una delle cose più difficili della filosofia stessa, e che non si trova in questa medesima a capo, ma in fondo; e quindi non può essere noto a chi arriccia il naso a solo sentire la parola filosofia. Dunque, è inutile discutere più oltre di questa disciplina con chi vi ha sì poca familiarità.

Ma in conclusione dirà qualcuno, non tutto ciò che costoro attribuiscono al concetto della filosofia è una *vana imaginatio*. Ecco, quando si dice che quel che non è razionale non è reale; questa, per esempio, è una proposizione di Hegel; e di hegeliani ce n'ha ancora (cocciuti che sono!) fra i nostri insegnanti. E – chi non lo sa? – Hegel insegna il più smodato disprezzo per l'esperienza. E poi, è vero o non è vero che i filosofi si compiacciono di astruserie? che usano un linguaggio sibillino? che, volendo fare la metafisica, abbandonano la fisica, la natura, il concreto, il reale, e si aggirano fra le astrattezze e le ombre vane dell'intelletto? è vero o non è vero che tentano di spiegare l'inesplicabile, architettando sistemi che sono a volta a volta buttati giù dal primo soffio di critica? Non dicono tutto questo anche i filosofi, i positivisti, ad esempio, i neocritici, gli scettici? O vorreste forse darmi il correttivo appunto nel positivismo, nel neocriticismo, nello scetticismo? Non si è visto alla prova che anche questi indirizzi conducono anch'essi fatalmente a una metafisica?

Tutti questi punti interrogativi sono tutt'altro che ipotetici; e mette conto, perciò, occuparsene ancora una volta, con la maggiore brevità possibile. Vediamo.

I filosofi usano un linguaggio sibillino. E sia; ma sibillino per chi? Per gli stessi filosofi forse? Quanto a me (mi sia consentito tornare a parlare de' casi miei), io leggo da qualche anno libri di filosofi, e non vedo che alcuno di essi lamenti l'impenetrabilità del linguaggio di un altro. Tutti piuttosto sentono il bisogno che si adoperi un linguaggio astratto, rigidamente intellettuale, puro di immagini, che, popolando la fantasia, creano impaccio all'intelletto; per cui lo Spinoza avvertiva che «*qui maxime imaginatione pollent, minus apti sunt ad res pure intelligendum, et contra, qui intellectu magis pollent, eumque maxime colunt, potentiam imaginandi magis temperatam, magisque sub potestatem habent et quasi freno tenent, ne cum intellectu confundatur*».[4] Che se per chiarezza s'intende la ricchezza delle immagini plastiche e corpulente, richieste dalla poesia, certo la chia-

---

[4] *Tract. theol.-politic.*, cap. II.

rezza non si troverà nei filosofi. Ma c'è ragione di cercarla? Platone, dove colorisce con vivace fantasia le sue mitiche immaginazioni, è semplicemente un poeta; e quando snoda e sviluppa l'intreccio della sua dialettica, vi apparirà il più astruso dei filosofi. Sibillino! Questa è la prova più eloquente della competenza dei signori accusatori! A meno che non si voglia dar del pazzo a ogni grande filosofo, – e non mi pare che ci si sia provato nemmeno il Lombroso, – cotesta parola equivale all'ingenua confessione che chi la pronunzia, non ha capito, e invano s'è sforzato di capire. Che se egli fosse per avventura un critico d'arte, basterebbe si rammentasse d'uno dei canoni elementari della sua critica: che l'arte, al pari che la filosofia, non è fatta per essere intesa da tutti nel suo più riposto ed essenziale carattere, ma solo da chi abbia una certa disposizione e cultura, e perciò possieda una idonea preparazione spirituale. Fate capire, cioè gustare Dante, a chi non abbia nessuna notizia dell'arte e delle forme poetiche e letterarie e delle idee politiche, religiose, filosofiche e delle passioni del Dugento: ci riuscirete? Voi, ignari o inesperti nella filosofia scolastica, gustate tutto il *Paradiso*? Il segreto del critico, dissi altra volta,[5] è quello di conformare la propria psicologia a quella dell'artista; ma questo è pure il segreto di chiunque voglia intendere un filosofo, un matematico, uno scrittore qualsiasi. Salite fino allo scrittore; e lo scrittore si lascerà intendere. Scenda il docente fino allo scolaro; e questo lo potrà seguire. E come si sale fino a uno scrittore filosofico? Bisogna, come si fa per ogni altro scrittore, studiarne gli antecedenti; insomma, studiar molta filosofia. Non si potranno intendere certamente due che parlino lingue differenti; e due lingue differenti parlano i cultori d'una disciplina e i profani.

Ma, e perché non si pretende anche dai matematici, che invece di usare quel loro gergo incomprensibile di seni e coseni e integrali e dif-

---

[5] In uno scritterello *Arte sociale*, Castelvetrano, 1896.

ferenziali ecc. adoperino un linguaggio più piano, più comune, più intelligibile?

Perché non si pretende anche dai chimici, che lascino quell'indecifrabile lingua di formole, che rende impossibile la lettura d'una sola pagina dei loro libri? – E via! Lasciamo quest'argomenti stantii. Entrate nel tempio; e il dio vi si svelerà; ma entrate prima veramente!

E quando sarete entrati, e il dio vivente vi si sarà svelato nel fulgore della sua luce, molte tenebre si dilegueranno pur dalle cose che ora vi appariscono cosi chiare! Perché non basta la luce, di cui vi contentate voi; cioè, basta a voi. Ma il linguaggio così limpido, così perspicuo di cui vi compiacete, è pure avvolto in tanto buio, di cui voi non v'accorgete, avvezzi come siete a viverci; e da quel linguaggio sibillino, inteso dopo quella preparazione che ho detto, sgorgherebbe agli occhi vostri una luce nuova, di cui non potreste dire a voi stessi come vi sia stato possibile in passato fare a meno, per tanto tempo, pur credendo di vederci qualche cosa, e bene. Certo, ogni luce improvvisa e forte abbarbaglia e acceca; ma le aquile, use a volare per le più alte regioni del cielo, si riducono ad affisare anche il sole. *Pulsate, et aperietur vobis*; ma non si batte col martello, né si preme il bottone. Bisogna tentare e ritentare fino ad aprirsi da sé la porta; ed è opera lunga e difficile.

Si vuol spiegare l'inesplicabile. Ma non sapete che è stata cantata e ricantata mille volte questa canzone, e che nondimeno la filosofia non s'è mai potuta indurre a credere di dover mettere giudizio? E le è stata cantata e ricantata in forma filosofica: c'è tutta la storia dello scetticismo; la conoscete? Bisogna studiare questa storia, prima di ripresentare ancora una volta l'accusa; e che? un procuratore generale non s'ha da informare di tutta l'istruttoria del processo? – Ma a studiare questa storia, come si farà, se questi benedetti filosofi parlano un linguaggio sibillino, e non si lasciano capire? – Ecco che la filosofia vi giuoca un bel tiro: volete mostrarne la vanità, ed essa diventa tutta la forza della vostra tesi. La vostra è una tesi scettica, e lo scetticismo è una filosofia. E come potrebbe essere altrimenti? Di quale scienza si può combattere una tesi, senza entrare addentro nella stessa scienza? Antonio Labriola notava di recente con fine arguzia: «Ho qui sott'occhi un curioso libro (di pag. XXIII e 539, in-8 grande!) del prof. R. Wahle, della Università di Czernowitz – destinato a dimostrare... che la filosofia è giunta alla sua fine. Peccato che il libro sia tutto di filosofia da un capo all'altro. Vuol dire che essa, la filosofia, per negar se stessa, deve affermarsi!»[6]

Non meno argutamente B. Spaventa racconta in una sua opera postuma: «Uno dei più illustri e valorosi matematici italiani, a proposito di una deliberazione presa da una commissione di professori di filosofia, di cui io faceva parte, m'investi giorni sono a bruciapelo con queste parole: – In Italia bisogna bruciare tutti i filosofi; se no, non andremo mai bene. – Di che ti lagni? risposi... Del resto, approvo il rogo, ma si deve principiare da te. – Da me? Ma io non sono, né sono stato, né sarò mai filosofo; sono matematico, e in generale uno scenziato. – T'inganni. Quando tu ci condanni tutti al rogo, tu, se la sentenza è giusta, e motivata bene, sentenzii... per l'appunto come filosofo. Certamente tu come matematico puoi negare una o più tesi di un filosofo, se esse contraddicono ad una o più verità matematiche irrefragabili; ma negare la filosofia in se stessa, come un grado, l'ultimo e più perfetto, dell'umana cognizione, tu non lo puoi fare, se non ti metti, *bon gré, mal gré*, a pensare filosoficamente. E anche quando tu misuri le tesi dei filosofi con le tue verità matematiche, tu non procedi da puro matematico; per intender quelle non puoi fare a meno d'indossar per un momento la toga filosofale. Dunque, al rogo anche te!»[7]

[6] *Discorrendo di socialismo e di filosofia*, Lettere a G. Sorel, Roma, Loescher, 1898, p. 82.
[7] *Esperienza e metafisica*, Torino, Loescher, 1888, p. 18.

Dunque, una delle due: o rinunziate alla sentenza che la filosofia s'affanni indarno a spiegare l'inesplicabile; o indossate anche voi la giornea del filosofo. E si può indossare? Di questo appunto si tratta. Che se i filosofi parlano un linguaggio veramente sibillino, non sarà né anche possibile, volendo, indossare quella giornea. E sarebbe in verità curiosa pretesa voler negare ogni valore a una dottrina, che non s'intende o non si lascia intendere tanto facilmente.

Se poi, ammettendo pure l'intelligibilità delle costruzioni filosofiche, ammetteste una filosofia negativa come lo scetticismo, tutto il peso delle vostre ragioni verrebbe meno, poiché anche la vostra sarebbe una filosofia, e una filosofia che si avrebbe a insegnare, come l'altra; non foss'altro, per antidoto a quest'altra; la quale, lo dimostra la storia, risorge sempre viva e potente, con pertinacia invincibile, di sotto ai colpi più fieri della critica che tenta di abbatterla.

Così aveste avviato un insegnamento di vero e profondo scetticismo, tanto forte e valido da tener testa alla filosofia costruttiva! E ci sarebbe già un vero insegnamento filosofico; che è quello che auguriamo all'Italia. Giacché, a differenza di molti amici pur sinceri e illuminati della filosofia io non credo sia da paventare lo scetticismo; dico il vero scetticismo filosofico: almeno, dove ancora non allignì nessuna filosofia. Non temo né lo scetticismo, né il materialismo, né l'utilitarismo, per ciò che si dirà appresso.

Ma dov'è questo scetticismo? Forse nell'affermazione di chi vuol insegnare ai filosofi, che essi tentano di spiegare l'inesplicabile? Ma un'affermazione, esca pure dall'intelletto di Aristotele o di Galileo, non è una filosofia; e lo scetticismo non può avere un significato se non come una filosofia. Non ignoro esservi una certa filosofia, non appresa dai libri dei filosofi, e che è come la forma naturale della mente umana; e voglio più innanzi vedere di rilevarne e chiarirne bene i caratteri. Ma non ignoro né anche che, come una filosofia naturale, per dir così, v'ha pure una chimica, una fisica, un'astronomia naturale; e pure non vedo nessuna persona colta e ragionevole, che pretenda di contrapporre i dati di cotesta chimica, di cotesta fisica e di cotesta astronomia ai dati della vera chimica, della vera fisica e della vera astronomia, segnatamente poi quando da essi dati si voglia desumere un'applicazione o un criterio di condotta pratica.

E neppure ignoro che v'ha in Italia una specie di filosofia superba, che la sa più lunga, – a quel che ne dicono, – della filosofia dei filosofi; la filosofia dei letterati, degli scienziati specialisti, dei giornalisti. Una filosofia di facile acquisto e di agevole maneggio; ben vista in piazza e applaudita in teatro o nelle affollate aule di certi professori delle università che non insegnano filosofia *en titre*, ma professano pure una loro filosofia arguta e brillante, sebbene intessuta di luoghi comuni; una filosofia alla moda insomma, come una volta, ai beati tempi dell'Arcadia, il newtonianismo per le dame. Non si apprende propriamente in iscuola; almeno non l'insegnano, credo, i professori di filosofia. E poi, uno speciale insegnamento sarebbe perfettamente inutile; poiché essa è intessuta, come ho detto, di luoghi comuni; comuni negli scritti e nei libri più facili, più diffusi e più riputati; tali, che non possano non esser letti senza grave disdoro da chi abbia abito o dovere di legger qualcosa. Luoghi comuni, che consistono in frasi sdrucite più o meno felici e più o meno false della cosiddetta filosofia, – dei filosofi, questa! – scientifica; come per esempio: i «fossili della metafisica»; «a priori, libertà morale, anima e psicologia filosofica, roba tutta da teologi»; «unica dea è la scienza»; «la scienza ha dimostrato definitivamente che la metafisica è una malattia dello spirito»; «l'inconoscibile ci circonda da ogni parte» ecc. ecc. Chi non è buono oggi a gettare in viso a ogni filosofo di professione una di queste frasi perentorie, per dirgli che il suo tempo è finito e dee pensare a giubilarsi?

Che cosa è poi questa filosofia? Ecco, la scienza ha dimostrato che con l'evoluzione si spiega tutto; che è ciò che voleva fare la filosofia.

– Ora l'evoluzione è una parola; ed è presto fatta ad appropriarsela.

Al più, al più c'è in ogni facoltà di dritto o di medicina o di scienze un professore, contemporaneo del suo tempo, che si piglia la briga di spiegare in una o due lezioni, più o meno interrotte e condite dagli applausi, in che cosa consista.

E con l'evoluzione in mano, si potrà andare anche un giorno di sciopero a sentire quell'antiquato professore, che in altra facoltà insegna a certi ingenui studiosi di tutto ciò che è morto, la filosofia classica; si va per fare un po' di buon sangue, per ridere un po' di quei fossili, e (perché no?) anche di Platone, di Aristotele, di Cartesio, di Kant, di Hegel, gran giuocatori di bussolotti. Che se, già innanzi negli anni, non si fosse più a tempo di tornare all'università, tanto meglio: si fa più presto; un articolo di giornale basta a mettere al corrente delle idee moderne. E ve n'ha di buoni articoli, dovuti alla penna de' più competenti, vigili sentinelle dei progressi quotidiani del sapere in tutto il mondo; articoli bene scritti, limpidissimi, e di cui ognuno si può fidare, senza affannarsi a cercare tanto in là.

Oh, questa filosofia è ben comune; e non impone certo la noia di indossare quella tale zimarra. Essa è la vera, la sola possibile filosofia: la filosofia dei non-filosofi! E qui non c'è che dire: chi alla filosofia dei filosofi preferisce quella dei non-filosofi, non sarà padronissimo di farlo? S'accomodi pure! Se non che v'ha un certo sospetto; ed è che questa ignavia generale, questa morta gora morale, in cui siamo impantanati al presente, questo difetto d'ogni sana e robusta idealità, di ogni potente energia, di coraggio del vero, di franchezza, di lealtà, non sia senza una intima attinenza con questa filosofia corrente. V'ha chi dice, – e non par che dica molto male, – che la superficialità a cui cotesta filosofia abitua, è la radice del male; che in questa superficialità non si scorge più la ragione e il pregio della virtù, che s'accompagna con la dirittura e la saldezza del carattere; e nemmanco arriva l'occhio a scorgere un principio, purchessia, anche pravo, che possa esser la massima costante e il faro di un carattere qualsiasi: donde i caratteri frolli, mezzi virtù e mezzi vizio, peggiori dei Catilina e dei Cesare Borgia, e più funesti. E aggiunge, che questo mezzo scetticismo, distruggendo ogni serio e forte abito intellettuale, non solo getta il discredito sulla filosofia, ma taglia i nervi d'ogni seria attività scientifica; e indebolendo le menti, apre la via ai falsi ideali artistici, e rende impossibile ogni profonda e veramente umana intuizione immanente della vita. Dante e Manzoni, Schiller e Goethe ebbero una filosofia; e la loro arte è immortale, perché fa vibrare corde eterne dell'anima umana. Quali sono oggi i nostri poeti, nemici della filosofia, o filosofi alla moda, che possano reggere al paragone?

Ad ogni modo, non cotesta filosofia può metter bocca in una questione pedagogica e veramente scientifica, che tocca gl'interessi vitali della cultura nazionale. Ma, lasciamo pure i campioni di quella a bearsene come dell'ultimo risultato del secolo che muore; e chiediamoci: che valore ha nella questione che ci riguarda la tesi dello scetticismo vero e filosofico, che la filosofia si sforzi invano di spiegare l'inesplicabile?

È evidente che non può averne nessuno. Perché, dato pure che lo scetticismo abbia ragione contro la filosofia costruttiva, che cosa se ne potrà conchiudere? Che si deve insegnare una filosofia scettica e non una filosofia costruttiva, una specie di critica della ragion pura, destinata a preservare la ragione dalla mania delle costruzioni metafisiche, facendo acquistare ferma e chiara coscienza dei limiti invalicabili del pensiero, e smorzando gl'impeti spontanei della speculazione astratta? Ecco, questa potrebbe essere la conclusione più favorevole ai nemici della filosofia. Ma essa presenta già due notevoli inconvenienti: 1° che si verrebbe così a riconoscere la opportunità, anzi la necessità, d'un insegnamento filosofico; 2° che si sanzionerebbe la più ingiusta intolleranza, col prescrivere nel programma un indirizzo piuttosto che un altro di filosofare. Sicché, a parte l'ingiustizia antiliberale e irrazionale dell'intolleranza, varrebbe proprio la pena di segnare la via a questo filosofare, se in fine si continuerebbe a filosofare come prima? Ma filosofare senza libertà d'indirizzo è assolutamente impossibile.

O si ha l'ingenuità di credere, che, bandita la filosofia dalla scuola, essa si risolverebbe a rendere la pervicace anima a Dio? Pur troppo, di simili ingenuità accade oggi spesso doverne sentire; ignari come si è generalmente, qui nella patria del Vico, della perenne produttività spontanea dello spirito.

Ma non ci vuol molto a capacitarsi che né la filosofia, né la poesia, né verun'altra produzione dello spirito sorse perché vi fossero già belle e istituite le cattedre rispettive; e che, quanto alla filosofia, fino ai Sofisti, se vi furono scuole, non ci fu insegnamento rimunerato. Segno manifesto, che la filosofia è nata indipendentemente dalla scuola, da cui si vorrebbe sbandirla; e che essa ha le sue radici ben profonde in bisogni fondamentali dello spirito umano. E se non basta un mutamento, anche radicale, di programma, a chiudere per sempre la porta in faccia alla filosofia, dico alla filosofia costruttiva, io non vedo altro partito possibile per i suoi avversari che, come ho detto, proporre l'insegnamento speciale dello scetticismo.

O si dirà che, abolendo la cattedra di filosofia, sorgeranno sì ancora dei filosofi; ma saranno quelli che nascono col bernoccolo per la filosofia; cioè i pochissimi; laddove i più rimarranno immuni dalla lue funesta? Questa, infatti, è la convinzione di molti, i quali finiscono col dimenticare che oltre la filosofia dei filosofi, la filosofia proseguita e insegnata da speciali cultori, c'è quella tal filosofia, più positiva, non foss'altro, per l'agevolezza con cui s'impara, la quale è sulla bocca e nella mente per l'appunto di coloro che non son nati col bernoccolo, – salvo qualche rara eccezione. Abolite pure l'insegnamento filosofico; ma il giardin dell'impero continuerà egualmente a fiorire di quei fiori – o funghi che sieno, – dico quelle tali riviste e giornali e giornaletti, che imbandiscono a buon mercato la filosofia più gradita agl'ingegni giovanili, così filosoficamente educati nelle nostre scuole; pei quali anche il Wundt, perché rifiuta lo spiritismo, è non so precisamente se un filosofo preistorico o scolastico; pei quali, molto spesso, Darwin vuol dire ateismo, vanità della morale, negazione d'ogni umana prerogativa, e il socialismo è la dottrina dei tempi, non per la sua brama di giustizia e ardore pel bene umano, non per le nuove e ampie idealità morali, che fa lampeggiare agli occhi di molti, ma per quella dottrina storica, che matematicamente dimostra il necessario avvento del comunismo e col nome di Marx e due o tre frasi stereotipe basta a far le spese a ogni imberbe politico; se già non venisse a scaldare il cuore l'anarchismo o l'internazionalismo o qualche altra trovata del genere. Oh, non dubitate, questa filosofia non tirerà le cuoia; che anzi, quando non ci sarà più nessuno che cerchi di scuotere gli animi loro, invitandoli e stimolandoli a guardare i grandi, gli alti ed eterni problemi della vita, i vostri giovinetti sapranno meglio dimostrarvi che l'amor di patria è un detrito di barbarie, che il puro eroismo del disinteresse è una incosciente immoralità; e s'avvezzeranno senz'altro a sorridere d'ogni cosa che ai loro padri sia sembrata più sacrosanta, laddove era semplicemente un sentimento ingenuo o un' idea metafisica e superstiziosa.

Distruggete ogni abito di forte e veramente libera meditazione; gingillatevi con la metrica barbara o col simbolismo; ma non rimpiangete poi la serietà d'un tempo, quando infuriano da un capo all'altro d'Italia i tumulti dei giovani universitari stretti in santa alleanza con tro... gli studi. Raccogliete quel che avete seminato. I seminari d'un tempo, bene o male, sviluppavano in due o tre anni della classe di *Filosofia* interi sistemi filosofici; addestravano le menti nella nobile palestra di quelle ardue speculazioni, che voi ora vorreste schernire; e se non insegnavano una filosofia viva e in via di progresso, formavano in tutti una salda e profonda riflessione. Oggi non si ha tempo di guardarci dentro; – opera di poeti e di oziosi! Bisogna guardar fuori sempre, a tutte le piante, a tutti gli animali, a tutti i minerali; e non solo a quelli che vi sono ancora, ma a quelli che ci furono già, e ora, scomparsi dalla superficie, aspettano fossili negli strati geologici l'occhio indagatore dell'uomo, che ne consegni le forme alla scienza, per poi dissolversi e sparire per sempre. Se non che riflettere, – necessario requisito della serietà dello spirito, – è guardar dentro, non fuori.

Altro capo d'accusa: la filosofia è la nemica del sapere scientifico, sperimentale. Ecco una ragione soda. Tutto ciò che è reale è razionale e viceversa, diceva Hegel,[8] intendendo che tutto ciò che non è razionale non è reale. Sicché, se la scienza deve darci la cognizione della realtà, essa dovrà essere razionalistica e non sperimentale; dacché l'esperienza ci potrebbe dar come reale ciò che non è razionale, e non è quindi nemmeno reale.

Ora, prima di tutto, si potrebbe osservare che, per sostenere la tesi contraria a questa di Hegel, – ormai del resto sostenuta da tanti, che basterebbero le dita d'una sola mano a contarli, – ci vuole un'altra intuizione della vita, diversa dall'idealistica; tutta un'altra filosofia. E l'avete davvero quest'altra filosofia in Italia? L'avete sovrattutto voi, avversari dell'insegnamento filosofico? e voi, amici gelosi del sapere sperimentale?

Ma, si può dire, appunto perché non c'è una filosofia che preservi da tali pericoli razionalistici, si deve sbarrar loro innanzi, risolutamente, la porta della scuola.

Se non che, come intendete voi questa dottrina, che è la più ardita, – io direi, per conto mio, la più coraggiosa, – che possa inculcarsi da un insegnante di filosofia? Se non vi rincresce, bisogna riflettere un po' sul significato di essa; è stretto dovere di chi vuol giudicarla. Che vuol dire, in fondo, questa terribile proposizione? Che i con-

---

[8] Nella pref. alla *Filosofia del Diritto*.

cetti delle cose non corrispondono agli esemplari imperfetti delle cose stesse, ma ai perfetti, a quelli che attuano in sé, come dice Hegel, l'unità dell'essenza e dell'esistenza. L'uomo, dice la logica più pedestre, esemplificando la definizione dei concetti, e lo dice, del resto, ogni persona ben pensante, l'uomo è un animale ragionevole; e all'uomo irragionevole dice anche la persona profana alla logica e a tutta la filosofia: Tu sei una bestia; cioè non sei uomo. Intanto se uomo non è, la zoologia né anche può dirci che razza di bestia sia; e qual è dunque l'essere suo? Dovrebbe essere quello degli uomini; e non è; egli dunque non ha realtà; o esiste come un qualche cosa, che nessuno può dire che cosa sia; – ma la sua esistenza non si adegua alla sua essenza, che è di essere un ente fornito di ragione. Ora perché a quest'uomo irragionevole, – che uccide, poniamo, che ruba, che scalza in un modo o nell'altro i fondamenti, sui quali poggia la convivenza sociale, – perché la società potrà negare alcuno dei diritti, che la ragione attribuisce ad ogni uomo, per esempio, la libertà personale? Perché la giustizia presuppone l'essenza umana degli uomini; e in questo tale individuo tale essenza non si riscontra. Ma dunque costui non è uomo? Nessuno potrà rispondere che sia, che realizzi in sé l'essenza umana, e sia reale come uomo. E infatti il profano gli dice: Tu sei una bestia. – Senza questo principio riuscirà sempre vano, per esempio, ogni tentativo di scoprire il fondamento del diritto penale.

– Ma i concetti della ragione son chiusi nel breve giro del cervello umano, che ne piglia tante di cantonate! – «Più d'una opinione», avvertiva Hegel, «s'eleva contro la realtà della ragione. V'ha di coloro, i quali non veggono nell'idee e nell'ideale se non esseri chimerici e nella filosofia un sistema di cosiffatti fantasmi. Per contro, ci sono altri per cui l'ideale è qualche cosa di troppo eccellente per avere una realtà, od è impotente a produrla. Ma la separazione della realtà e dell'idea piace soprattutto all'intelletto, che piglia i sogni delle sue astrazioni per degli esseri veri, ed è fiero della sua nozione del dovere in appoggio del quale invoca volentieri lo stato sociale, come se il mondo non fosse, e avesse ad aspettare la realizzazione di tale nozione per essere ciò che dev'essere». Dunque, distinguiamo tra sogni dell'astrazione, e concetti veri e propri; e parliamo solo di questi, che Hegel dice «determinazioni generali e legittime del pensiero», di cui alla scienza spetta di occuparsi. Come nascono queste determinazioni generali, che si possono ritenere legittime? Come legittima Hegel le conoscenze astratte, oggetto della logica? – Per mezzo della *Fenomenologia*. L'avete letta? Questo libro meraviglioso vi dimostra tutto il processo naturale, per cui il pensiero ascende dalla coscienza sensibile, dal primo e immediato sapere, – di cui si vogliono far paladini gli avversari della filosofia, – fino al concetto, donde incomincia la Logica. Dunque i concetti sono legittimi in quanto hanno le loro prime radici nell'esperienza. Che volete di più? – Ora chi non sa che le radici, come semplici radici, e non più che radici, sono un semplice stato transitorio dell'albero? E che le stesse radici in tanto acquistano il loro reale valore, diventano veramente radici, cioè attingono la realtà, in quanto se ne sviluppa l'albero, cui son destinate? Che cosa è, che cosa si può immaginare che sia il gradino di una scala... che non c'è? – Ora se l'albero è il concetto logico, e la radice la coscienza sensibile, questa e tutti i gradi successivi del sapere, fino al sapere logico o razionale, fino al concetto, saranno fenomeni dello spirito (materia della Fenomenologia), non realtà; stati transitori che hanno il loro valore, non in sé, ma nel fine, – il concetto, – a cui tendono. Ma, se non si può dire reale la radice senza l'albero, l'albero non è senza la radice. E così Hegel ci parla di concetti «legittimi», risultato della fenomenologia dello spirito, e di concetti prodotti dall'intelletto astratto, che sono vuote chimere. I primi non sono senza tutti i gradi del sapere sperimentale; intendendo, come vuole Hegel, non che il concetto abbia sì l'esperienza per condizione *sine qua non* della propria legittimità, ma l'abbia fuori di sé, opposta o contrapposta a

sé, e però concordante o discordante da sé secondo i casi; bensì che il
concetto, superando (o negando, come dice nel suo linguaggio dialet-
tico Hegel) e compiendo tutti i gradi della fenomenologia, li conservi dentro di sé, integrandoli o perfezionandoli. E però quel che possiamo dire di ogni grado fenomenologico dello spirito non possiamo
dirlo del concetto, cui la fenomenologia mette capo e donde la logica, cioè la filosofia, incomincia. Vale a dire, se ogni grado fenomenologico non è reale, perché non ha in sé la propria ragion d'essere e non
si può concepire senza gli ulteriori gradi e infine il concetto, di questo non si può ripetere che forse non è reale egualmente, perché non
sarebbe nulla né anch'esso, senza tutti i gradi inferiori del sapere. Esso
infatti li ha tutti dentro di sé, questi gradi inferiori; e più che l'ultimo
gradino, che è in cima a una scala, e che, al pari d'ogni altro gradino,
è distinto e diverso dagli inferiori, esso è la scala medesima, che si
giunge ad avere mediante tutti i singoli gradini, ed è insieme quella
realtà, per cui ed in cui ogni gradino trova la sua ragion d'essere, e
quindi la sua relativa lealtà. E come della scala si può affermare la realtà, in quanto essa ha in sé tutti i gradini, dall'infimo al supremo, così
pure il concetto non è reale in quanto vuoto e puro concetto, ma in
quanto contiene e invera tutti i gradi della fenomenologia, ossia tutta
l'esperienza.

E dov'è dunque l'inimicizia di questo razionalismo contro il sapere
sperimentale? Certo, secondo questa filosofia, il sapere sperimentale
non soddisfa, perché, in ultima analisi, esso non ci offre se non il
mero relativo. Ma l'assoluto, di cui questa filosofia va in cerca, non è
il puro assoluto, nemico ed estraneo al relativo; è invece l'assoluto,
che ha dentro di sé il relativo e che, cogliendo l'organismo della realtà, ha pur bisogno di cogliere gli organi di questo organismo, che a
parte a parte studia e discopre il sapere sperimentale. E qual maggiore amicizia e intrinsichezza si può immaginare tra filosofia e scienze
speciali e religione e arte, di quella che Hegel pone fra i gradi più alti

della Fenomenologia? Tutto ciò che lo spirito, e non già l'individuale spirito astratto, che certa psicologia, la quale presume di dirsi positiva, si sforza oggi invano di spiegare, ma lo spirito collettivo e storico, cioè il vero spirito, lo spirito concreto, pensa e produce, tutto deve essere assunto nella filosofia, niente rifiutato, niente posto al bando della scienza. Talché quella sarà verace filosofia, che non contraddirà, – non in apparenza, ma in fatto, – ai risultati di tutte le altre produzioni dello spirito, di qualsiasi natura.

Ora questa filosofia si potrà confutare (se si potrà) per altre ragioni speculative, ma non in nome del sapere sperimentale; che se talune audaci e affrettate applicazioni che io propenderci a ritenere, anche a mente dell'autore, semplici tentativi, paiono attestare un certo disprezzo o disdegno del sapere sperimentale, esse non toccano l'intenzione fondamentale dell'idealismo hegeliano; e ad ogni modo, non possono costituire un serio capo d'accusa contro l'insegnamento della filosofia negli istituti, come il nostro liceo, non propriamente destinati a insegnare scienze o ad arricchire di cognizioni, ma a formare ed addestrare le attività dello spirito, che poi si troverà innanzi al sapere scientifico in più alti istituti. Né, d'altronde, si può sperare che altro si riporti dagli alunni i quali abbian compiuto un corso elementare di filosofia, se non un abito di metodica e forte meditazione filosofica, non già una vera e propria filosofia.

Le accuse adunque che non meritavano un esame, perché mosse da un punto di vista non filosofico, esaminate tuttavia obbiettivamente al lume della filosofia, sfumano tutte; e lasciano disarmati i malcauti avversari del nostro insegnamento.

III

I TESTI DI FILOSOFIA

Ora non è molto, s'è scoperta una nuova marachella addosso agli insegnanti di filosofia, degna veramente di considerazione per chi abbia a cuore il buon andamento delle cose didattiche. Questi signori avrebbero il torto di oltrepassare i modesti limiti entro i quali convien mantenere un insegnamento elementare di filosofia, usurpando il campo a studi più propri o più importanti dell'istituto classico, quali quelli dell'italiano, del latino, della storia; sicché, concesso pure che gli elementi di logica e di morale (e magari anche di psicologia) siano ingrediente necessario dell'istruzione classica, prudente consiglio sarebbe quello di toglierne l'insegnamento a cultori speciali di queste discipline; i quali, infervorati, com'è naturale, negli studi a cui si addicono, non possono né anche volendo, resistere alla tentazione di andare più in là degli elementi, e dar luogo all'inconveniente lamentato; e di affidarlo piuttosto a professori di lettere italiane e di storia. E i professori di filosofia? Se ne farebbe altrettanti professori di lettere.

L'argomento qui per fortuna non è più tanto d'indole filosofica, ma di didattica elementare; e possiamo parlarne tutti, purché si abbia un po' di conoscenza de' nostri licei. Possiamo parlarne professori e scolari; già, anche scolari, specialmente se ciuchi, che più indugino nei licei, e ne acquistino più conoscenza. Ed è un pezzo che i nostri sco-

lari, ciuchi o non ciuchi, discutono, – i primi s'intende, con più ardore, – l'ardua questione del valore relativo delle varie discipline, posta
dallo Spencer. È risaputo, infatti, che nei licei l'insegnamento del
greco dà scarsi o scarsissimi frutti anche pel dubbio, che dall'alto s'è
fatto ogni sforzo per insinuare nell'animo dei nostri giovani, che lo
studio di cotesta lingua sia perfettamente inutile. E uno de' più gravi
ostacoli che il docente di filosofia deve superare per giungere al suo
fine, di rendere accetta ed attraente la propria materia agli scolari, è
appunto questo discredito, che dal Bonghi in poi le supreme autorità scolastiche hanno procurato di riversare su questa disgraziata materia, che tutti s'accordano a chiamare la cenerentola dei licei.

– Che importa, si sente dire spesso, avere un voto insufficiente in
filosofia? Tanto, si sa, è una materia secondaria, destinata a sparire dal
liceo, e che non può contare sul giudizio complessivo finale. – Tale è
la convinzione di tutti gli alunni, se ne togli i più diligenti, a cui nessuna specie di sapere, nessun esercizio della mente è grave, checché ne
ciancino certi orecchianti. Ora, visto che uno dei capitali precetti
della didattica è quello di secondare le inclinazioni dei discenti, perché non fare un'inchiesta, sulla nostra materia, fra tutte le non so
quante migliaia dei nostri alunni dei licei? S'intende che il voto dei
deficienti, dovrebbe contare almeno per due; perché essi dimostrano
o accennano, se non altro, le inclinazioni più sicure. La solennità del
plebiscito chi sa che non porrebbe termine a ogni discussione?

Quando ho letto queste più recenti minacce contro l'insegnamento della filosofia, ho pensato subito al viso di sfida che al loro insegnante di filosofia avrebbero fatto gli scolari men docili, se per avventura leggessero anch'essi; e mi son ricordato di ciò che notava pochi
mesi fa il D'Ovidio a proposito delle minacce tante volte fatte al
greco: «Come i partiti sovversivi fuori d'Italia discutono più astratta-
mente e da noi trascorrono subito a tentativi maneschi, così se parla-
te della possibilità di scemar di due ore il greco in una classe liceale,

il giorno dopo i giovani negligenti alzan la cresta e i professori di
greco si senton esautorati... Ricordo sempre quel che mi seguì nel
1879 presedendo una Commissione di licenza liceale. Era divenuto
ministro il Perez, e i giornali avevano annunziato com'egli intendesse
sostituire alla prova scritta di greco una prova di filosofia: concetto
modernissimo,... e che non odora punto di scuole vecchie! Un candidato che in luglio aveva superato a stento tutte le prove, eccetto quella di greco, ci tornò in ottobre più scismatico che mai. Gli chiesi
paternamente: Non aveva altra prova da riparare; perché non ha studiato un poco in queste vacanze?

– Avevano detto che lo levavano, – mi rispose poco atticamente. E
il giorno della prova scritta di greco mi avevano fatto trovare sulla
lavagna un *Viva Perez!*, che io intesi benissimo come l'avessi a tradur-
re in un *abbasso il presidente*, o almeno: *Memento!*» [1] Ma, siamo giusti, questo scismatico aveva superato, benché a stento, tutte le altre
prove: dunque, manifestamente, non aveva inclinazione pel greco;
dunque colpa dell'ordinamento scolastico se egli era costretto a subir-
vi un esame di più! – Così dicono i savi.[2]

Ma torniamo alle colpe dei filosofi intemperanti, che voglion pro-
curar le indigestioni filosofiche agl'innocenti scolaretti tenerissimi dei
licei! Dove sono le prove di così imperdonabile intemperanza?

Si accenna alla mole eccessiva dei volumi, destinati a servire di testo
all'insegnamento. Ma non si cita nessun autore. D'altra parte, io per

---

[1] Lettera mandata al *Corriere di Napoli*, del 18 agosto 1899 (a proposito delle *Osservazioni
sul riordinamento dell'istruzione secondaria* del prof. M. KERBAKER, Napoli, 1899).

[2] Lo stesso D'OVIDIO, alcuni anni fa, a proposito di quella ipocrisia che è spesso certa scuola paterna, scriveva: "Di lì vengono le più volte quei che danno sfogo al loro patriottismo scrivendo che *l'Italia è la migliore città del mondo*, e che non sapendo accozzar due parole italiane
porgono pure il maggior alimento a discutere se lo studio del greco e del latino abbia o no arre-
cato i frutti che se n'aspettavano!" (*Questioni d'insegnamento*, nella *N. Antologia* del 15 febbraio 1894, p. 714). Parole sacrosante!

obbligo d'ufficio, ne conosco, credo, non pochi, e mi trovo impacciato a recare gli esempi di tale intemperanza. I testi più adottati nei
nostri licei sono quelli del Fiorentino e del Cantoni; e il primo consta di un sol volume, comprendente la psicologia, la logica e l'etica in
447 paginette, scritte quando vigeva l'orario istituito dal Coppino, e
la filosofia s'era cominciata a insegnare in tutte tre le classi del liceo.

Il manuale del Cantoni,[3] in un volume di 278 pagine, contiene il
programma di due anni secondo il regolamento più recente del '94,
e in un altro volumetto di pari mole, il programma del terzo anno. Il
tutto diviso in due parti che si alternano, una delle quali, stampata in
corpo più piccolo, «non è talora che un commento o una diluci-
dazione, ma altre volte si addentra nella materia, tocca e discute teorie più controverse, delle quali l'insegnante spiegherà nella scuola ciò
che crederà più utile e più opportuno». – «Ma in ogni modo», avverte lo stesso autore, «io ho voluto allargare un po' la mia trattazione,
perché non ho destinato esclusivamente il mio scritto agli scolari
degli istituti medi, ma mi sono anche proposto di giovare con esso
agli studiosi della filosofia in generale».[4] E il testo in carattere piccolo occupa un buon terzo dei due volumi.

E tanto il Fiorentino quanto il Cantoni si mostrano perfettamente
coscienti, a ogni passo dei loro manuali, delle esigenze dell'insegnamento medio, rispetto ai limiti in cui dev'essere contenuto. Il 28 febbraio 1877 il primo scriveva a B. Spaventa: «Sto scrivendo le istitu-
zioni di filosofia pe' Licei: mi costano una certa fatica non tanto per
ciò che devo dire, quanto per ciò che devo lasciare».[5] E l'eccesso del-
l'insegnamento filosofico in Francia criticava, a proposito della polemica accennata sul principio di questo scritto, il Cantoni, invitando

[3] Nella edizione del 1898.

[4] Pref. alla 10ª ed.

[5] In una lettera inedita nel Carteggio Spaventa, presso la Società storica napoletana.

ad esaminare, chi volesse sincerarsi, i manuali che più sono in uso in quelle classi di Filosofia. «È incredibile», egli scriveva, «l'ammasso di cose contenute in questi testi. E quel che più ci fa impressione è il modo con cui la materia è disposta e lo sfoggio di erudizione, di citazioni, di discussioni che in questi libri si trova, ecc.».[6] Che s'abbia a dire al prof. Cantoni: *medice, cura te ipsum*? Non pare.

Un altro testo, che viene acquistando una certa diffusione, sono gli *Appunti di filosofia* [7] del Dandolo. E sono infatti degli appunti, che su 387 pagine ne contengono circa ottanta di cenni di storia della filosofia, che l'insegnante deve tralasciare, stando ai più recenti programmi. Brevissimi pure gli *Elementi* del Bonatelli, pervenuti alla terza edizione.[8] E compendiosi egualmente tutti gli altri testi, più o meno fortunati, del Valdarnini, del Marchesini e altri e altri, che mai non fur vivi. A mia cognizione, un solo libro, da poco pubblicato da uno dei nostri insegnanti, offre il fianco alla critica di cui sto discorrendo: il *Corso elementare di filosofia* del prof. G. Morando,[9] in tre grossi volumi in ottavo. Ma gl'insegnanti della materia che ne abbiamo parlato, abbiamo tutti espresso chiaramente il nostro pensiero, dicendo che il nostro valente collega aveva sbagliato rotta, e non aveva scritto un libro per i licei.[10] Sicché gl'insegnanti di filosofia hanno, come ogni altro intelligente conoscitore delle nostre scuole, dimostrato di sapere che la loro disciplina deve rassegnarsi nei licei a ben modesti confini. Né lo stesso prof. Morando,[11] io credo, avrà voluto con la sua

[6] Nell'art. cit., p. 23 dell'estratto.

[7] Padova, Draghi, 1899.

[8] Padova-Verona, Drucker.

[9] Milano, Cogliati, 1898-99.

[10] Vedi un giudizio di A. GNESOTTO nella *Riv. ital. di filosofia*, fasc. di settembre-ottobre 1898, e i miei giudizi nella *Rass. bibliogr. della letter. ital.*, del 1898, VI, p. 106 e VII (1899), pp. 271-2.

[11] Che poi infatti ridusse a più modeste proporzioni il suo Manuale.

opera voluminosa, fare opera strettamente scolastica; anzi compilare
un libro che potesse servire a ogni persona colta, che abbia il gusto
delle letture filosofiche. Avrà voluto dimostrare alla prova come la
filosofia del Rosmini possa parte accettare e parte combattere vitto-
riosamente i risultati più notevoli della scienza contemporanea, e ciò
senza preoccupazione alcuna della scuola, senza mani legate da orari
e programmi scolastici. E avrà anche pensato che l'insegnante sarebbe stato poi libero di scegliere quelle parti, che ritenesse più adatte al
suo insegnamento, tralasciandone altre qua e là, riducendo così note-
volmente l'estensione del testo, e lasciando alla diligenza degli scolari più studiosi, – che prendono amore alla materia e sentono dentro
di sé lo stimolo di andare fino in fondo a certe questioni, sulle quali
il docente abbia eccitato e fermato la loro attenzione, – di studiare
tutto intero ogni volume. Intendimento, se l'autore l'ha avuto, che
potrà parere, anzi è certamente discutibile; ma che vale comunque a
spiegarci come un uomo ragionevole abbia potuto proporre alla scuola un'opera così voluminosa, pur sapendo quale orario sia riserbato
nei licei alla filosofia. Sicché né anche per lo stesso autore, io credo
che quel testo valga a dimostrare che chi insegna filosofia, essendo un
filosofo di professione, dimentichi che egli insegna a giovanetti, e in
un istituto, dove sono insegnate contemporaneamente sette altre
materie, più o meno gravi e faticose.

Intendimento discutibile, ho detto, perché non capisco che specie
di scelta possa farsi tra i vari capitoli di un libro, che presume di essere adottato come testo scolastico, e deve perciò possedere un certo
organismo. L'antologia può dar luogo a una scelta; e non dovrebbe
neppur essa, se fosse compilata a dovere! Ma certo in un testo che presenti lo sviluppo, anche elementare, d'una scienza, ogni nozione presuppone le precedenti. Si può immaginare un insegnamento di geometria euclidea a base di selezione tra le proposizioni di ciascun libro
e tra i vari libri di Euclide, dove ogni nuova dimostrazione parte dai

principii, via via più complessi, dimostrati antecedentemente? E provatevi pure, in qualunque testo di filosofia, per quanto mediocremente concepito e scritto, a lasciare qua e là qualche capitolo. V'accorgerete agevolmente che quella qualsiasi relativa saldezza e compattezza di dottrine, concatenate non foss'altro perché maturate in un medesimo cervello, si rompe e disperde. Senza una tale compattezza, senza una vicendevole, continua, progressiva e veramente organica concatenazione, non è possibile, d'altronde, il più modesto frutto didattico. *Natura non facit saltus*, disse il Leibniz; ma tanto meno ne fa lo spirito nel processo del suo conoscere. Egli costruisce l'edifizio delle sue conoscenze a grado a grado, non altrimenti di quel che un muratore fa per le sue case. Togli a una casa un arco, una trave, trascura le fondamenta; la casa rovinerà. Entra un giorno in iscuola e, senza ricordarti del termine raggiunto con la lezione precedente, fa un salto, e provati nondimeno a procedere oltre. Se fra gli scolari ve n'ha di quelli, che han capito davvero e vogliono continuare a capire, essi al luogo opportuno, dove apparirà lo sdrucito nell'ordine dei pensieri che vieni spiegando, dove si scorgerà la lacuna e il buio, ti obbligheranno con le loro domande a tornare indietro, a ripigliare quello che hai saltato. E se nel tuo pensiero sono soluzioni di continuità immedicabili, anche i più volenterosi si rassegneranno, a poco per volta, a non capirci nulla; e ti potranno magari ripetere passivamente ciò che vorrai, ma non terranno dietro realmente al filo spezzato de' tuoi ragionamenti. Il supremo principio della metodica rosminiana è, com'è noto, che di cinque idee che si vogliono far apprendere, l'ordine sia tale che la prima non abbia bisogno delle altre quattro per essere intesa, la seconda abbia sì bisogno della prima ma non della terza, quarta e quinta, e così la terza della prima e seconda, ma non delle altre due, e la quarta delle tre precedenti, ma non della quinta; la cui intelligenza, infine, relativamente la più difficile, è resa possibile dall'apprendimento delle prime quattro. Dal noto all'ignoto, dice un

adagio comune. Ma se si salta, il vero punto di partenza per l'ignoto
ci è ignoto anch'esso. Tutto ciò che si apprende, disse saggiamente il
Pestalozzi, dev'essere appreso spontaneamente, per produzione interiore, per creazione vivente.[12] È il vecchio concetto socratico, la base
d'ogni norma pedagogica.

Il quale concetto importa, prima di tutto, che chi deve apprendere
sia in grado di apprendere; come non si può essere, quando si trascura il principio rosminiano e s'ha da imparare a un tratto ciò che non
scaturisce immediatamente da quanto s'è imparato innanzi.

Per questi stessi criteri non mi parrebbero adottabili nella scuola
secondaria gli *Elementi di filosofia*, che il prof. Masci viene scrivendo,
e di cui ha già pubblicato la *Logica* di ben cinquecento e più pagine
di testo. È vero che questa ampiezza egli crede opportuna solamente
nella logica, persuaso che, se la scuola media deve essere per natura
sua più formativa che informativa, il posto principale nell'insegnamento filosofico in essa impartito debba essere attribuito alla logica.
Vero è inoltre che, come ci dice, «il pregio maggiore di un libro elementare di filosofia ad uso delle scuole non è tanto di rimpicciolire e
quasi di dissimulare i problemi, di recidere, di ridurre al minimo e
quasi all'insignificante la materia di studio; ma di lavorarla il più che
si può con rigore logico, di sintetizzarla, e soprattutto di formularla
in guisa, che se anche la formula non s'intende alla prima, intesa si
fissi, e apparisca la più perspicua».[13] Ma egli stesso, avvertendo bene
che il rimprovero maggiore che possa farsi a un libro per le scuole,
non è quello d'insegnar molto, ma di insegnar male, sente il bisogno
di soggiungere: «purché il molto stia nei limiti che ogni insegnamento deve serbare, secondo l'indole e il grado della scuola, e la coopera-

---

[12] ROUSSEAU dice che l'educatore "ne doit point donner des préceptes; il doit les faire trou-
ver": *Émile*, liv. I; tom. I, p. 41, dell'ed. Paris, Didot, 1808.

[13] *Elementi*, Napoli, Pierro, 1899, pref.

zione dei vari insegnamenti che essa comprende». *Non multa, sed multum*, dice lo stesso autore. Precetto che va ricordato più che mai per l'insegnamento filosofico liceale, per tutte le ragioni che non abbiamo bisogno di rammentare noi, che lo difendiamo. Il libro del prof. Masci potrà servire agli studenti universitari; ma è sproporzionato alla scuola secondaria. Lo ha detto già uno de' nostri insegnanti liceali; il quale ha ammesso però con l'autore che ridurre la materia di studio sarà facile; talché «se il professore dovrà restringere la materia del suo corso a più brevi confini che non siano quelli del libro in discorso, – se dovrà in alcuni punti accontentarsi di qualche cenno e richiedere che i giovani stessi lavorino di sintesi (mezzo utilissimo a formare la mente) non si potrà rimproverare alla trattazione del Masci il difetto di essere soverchiamente ampia».[14] Se non che la riduzione, a mio avviso, è impossibile per l'accennata ragione; e gli autori si dovrebbero persuadere, che fare insieme libro di scienza e di scuola è impossibile: perché l'uno s'indirizza agli specialisti, e guai alla scuola, dico alla scuola secondaria, specialmente classica, se si prefiggesse di formare, o, peggio, si persuadesse di aver già degli specialisti; e poiché tutto ciò che in un testo scolastico, per un verso o per l'altro, non deve esser materia di studio, non è già un semplice ingombro inutile del libro, – inutile all'insegnamento, – ma, rompendo l'unità organica del libro stesso, anziché aiutare l'opera viva dell'insegnante, la danneggia.

E che questi miei convincimenti non sieno miei soltanto lo dimostrano, se non altro, quei libri che mai non fur vivi, a cui dianzi accennavo, pubblicati dagli stessi insegnanti; in cui si notano, pur troppo, molti difetti, ma non quello, – per quanti io ne conosca – dell'eccessivo sviluppo della materia. Ed è naturale: prodotto come sono delle lezioni fatte in iscuola, il cui numero è determinato da quell'orario

---

[14] *Rivista di filosofia, pedagogia e scienze affini*, Bologna, fasc. novembre 1899, p. 489.

che sappiamo, non possono certamente oltrepassare i limiti convenienti alla filosofia nell'insegnamento liceale. Segno, comunque, che
in generale gl'insegnanti di filosofia non ricercano testi voluminosi,
né usurpano per questa via il posto d'altre discipline.

Ma ce ne fossero pur molti di cotali testi peccanti per eccesso, e li
ricercassero gl'insegnanti. Che perciò? Basterebbe questo a rendere
impossibile ogni freno per contenere l'insegnamento filosofico dentro giusti confini? Pare impossibile piuttosto che ciò si pensi e scriva
da chi s'intende di ordinamenti scolastici. Ma come? È forse libero un
professore di adottare nella sua scuola il più pazzo libro che gli piac-
cia, o il più disadatto in una scuola molteplice come la liceale, a
rispettare quell'economia, quel contemperamento delle varie discipline, che è la prima condizione di ogni probabile e sperabil profitto?

Guardiamo un po' come stanno le cose. Prima di tutto, ogni insegnante è obbligato a scegliere e usare un testo. Il Bonghi ministro, in
seguito a una visita fatta a molti licei e ginnasi del Regno, il 24 febbraio 1875 diramava una circolare, in cui, lamentando la mancanza
constatata in più scuole del libro di testo, ne faceva obbligo a tutti
gl'insegnanti con talune osservazioni, che meno lucidamente e origi-
nalmente sono state poi ripetute a sazietà, da ogni specie di autorità
scolastiche: «L'effetto di questa mancanza è chiarissimo», avvertiva il
Bonghi. «L'alunno è obbligato a prender note, mentre il professore
parla. Se ciò nuoce agli studenti di Università, già più provetti, nuoce
assai più agli studenti di scuole secondarie. La mente di questi è
distratta dal ragionamento, mediante il quale il professore arriva a
mano a mano alle sue conclusioni, per non attendere che a queste. E
nel ripetere poi a se medesimo la lezione, pone molto maggior cura a
mandar a mente coteste conclusioni, per quanto gli sian rimaste sulla
carta scarne di illustrazioni e di prove, anziché a riformare in sé tutto
il discorso, nel quale esse avevano realtà e vita. Ora è in questo discorso o ragionamento, nell'insieme e contesto delle induzioni, delle

deduzioni, delle osservazioni di ogni sorta, che dal giovine si sente e s'avverte il beneficio dell'insegnamento per la progressiva coltura dello spirito suo. Quando la lezione gli si converte in poche tesi, prive di luce, perde ogni valore educativo per l'intelletto e l'animo suo. Delle scienze non gli resta altra impressione ed immagine che quella che conserverebbe d'una regione alpina un viaggiatore, che saltasse di cima in cima di monte, senz'aver mai salita o discesa nessuna pendice».[15] È vero tutto questo? Non v'è nessuna esagerazione? L'insegnamento senza libro di testo con gl'inconvenienti lamentati dal Bonghi non offre pure vantaggi? E quali son più, gl'inconvenienti o i vantaggi? Non è questione che si possa trattare e pretendere di risolvere qui di passaggio. Ma una cosa a me pare di poter affermare, pur senza poterne dare qui la dimostrazione: che, salvo il caso in cui l'insegnante sia anche l'autore del libro di testo, per quanto l'insegnante si sforzi di tenersi ligio al libro adottato, l'insegnamento medesimo sarà diviso fra due docenti: l'insegnante e l'autore; a meno che il primo non riduca il suo compito al troppo modesto ufficio di leggere in classe e spiegare, come si farebbe di un classico, il testo delle sue lezioni; metodo che non so da chi possa esser consigliato, quando l'autore non è classico. Certo, esagerava il Rousseau, raccomandando un educatore unico, al quale s'affidasse l'allievo non già bello e formato, ma proprio «avant que de naître»; ma il principio ch'egli esagerava, dell'unità attuale e concreta dell'insegnamento, è esattissimo e irrefutabile.

Torniamo a noi. Ogni insegnante, adunque, – bene o male che sia, – dovrà dare quasi un'anticipata garenzia della qualità e della quanti-

---

[15] Vedi il *Boll. Uff. della P. I.* del 15 marzo 1875, vol. I, p. 308. Il Bonghi introduceva poi l'obbligo della scelta del testo, da discutersi nella prima adunanza ordinaria, nel suo *Regolamento* del 5 marzo 1876, art. 52: Regolamento non entrato in vigore, ma, per questo articolo, riprodotto nel successivo Regolamento Coppino del 22 sett. 1876. Cfr. Regolamento Boselli, 24 sett. 1889, art. 15.

tà del suo insegnamento, adottando un libro di testo. Se non che non è in sua facoltà né di determinare la qualità, cioè il metodo, e la quantità o estensione del suo insegnamento, in una parola il suo programma, né di adottare il suo testo, in cui il programma deve rispecchiarsi, secondo i propri criteri personali. Il Regolamento, approvato con R. D. 20 ottobre 1894, prescrive (art. 26): «Non più tardi del 10 ottobre di ogni anno, ciascun insegnante presenta al capo dell'istituto il programma didattico particolareggiato per la classe o disciplina a lui affidata, affinché possa essere discusso e approvato nella prima adunanza ordinaria del Collegio dei professori». Dunque, un libro di testo non passa dai desiderii dell'insegnante di filosofia nelle mani degli scolari, senza l'approvazione degli altri insegnanti e del preside, che han tutti interesse a non lasciare oltrepassare al rappresentante della cenerentola gli angusti confini in cui questa è condannata a tenersi. Non ci vorrebbe altro, per mandare a male tutti gli studi, che i colleghi chiudessero un occhio!

E non basta: programmi didattici e testi relativi, dopo che sono stati approvati da tutto il collegio degli insegnanti, devono aspettare ancora una suprema sanzione del Ministero, dove una Giunta di ispettori centrali veglia con cura sapiente e retto discernimento acciocché non s'introducano nelle scuole libri per qualsiasi ragione non rispondenti ai bisogni di quelle.

Da tutto ciò s'ha diritto di conchiudere, che se nello insegnamento filosofico si fossero trascesi in qualche liceo i limiti prescritti, la responsabilità della colpa andrebbe divisa da quei docenti di filosofia con tanti altri complici, – bassi e alti, – non tutti sedotti, è da credere, da speciali studi filosofici, amorosamente proseguiti per anni ed anni fino a diventare uno stimolo inconsapevole a procurare quelle tali indigestioni filosofiche ai giovani italiani. Si direbbe, in verità, che chi ha mossa l'accusa di intemperanza ai professori di filosofia, l'abbia voluto fare per un'atroce ironia!

IV

IL PASSATO E IL PRESENTE DELLA FILOSOFIA
NEL LICEO ITALIANO

Un professore speciale di filosofia, come c'è oggi nel liceo, – è stato detto, – è un ornamento ambizioso che tende ad espandere i suoi rami aduggiando la parte sostanziale degli studi medi.[1] Ora giudichi il lettore se ciò sia umanamente possibile, pensando all'orario destinato all'insegnamento filosofico nelle singole classi. Misera storia quella delle vicende di cotesto orario, nella quale a me pare di veder l'indice del continuo scadimento degli studi filosofici in Italia. Accenniamo di volo a questa storia, che non e senza significato. Già, com'è noto, la vecchia Casati del 13 novembre 1859, stabiliva che «l'istruzione secondaria ha per fine di ammaestrare i giovani in quegli studi, mediante i quali s'acquista una coltura letteraria e *filosofica* che apre l'adito agli studi speciali che menano al conseguimento dei gradi accademici nelle Università dello Stato» (art. 188). Ed è pur noto, per quanto gli abolizionisti della filosofia vogliano dimenticarlo, che essa legge, distinguendo l'istruzione secondaria in due gradi, quinquennale il primo e triennale il secondo, prescriveva esplicitamente al secondo grado otto insegnamenti, nell'ordine che segue:

[1] Vedi il *Boll. Uff. del Ministero della P. I.* del 16 novembre 1899, p. 1919.

1. La filosofia,
2. Gli elementi di matematica,
3. La fisica e gli elementi di chimica,
4. La letteratura italiana (e la francese nelle Provincie dov'è in uso tal lingua),
5. La letteratura latina,
6. La letteratura greca,
7. La storia,
8. La storia naturale.[2]

La Legge Casati poi lasciava ai regolamenti da determinare soltanto «l'ordine, la misura e l'indirizzo con cui questi diversi insegnamenti dovranno esser dati» (art. 192).

Sicché, intanto, sopprimere nel liceo la filosofia non si può senza abrogare l'articolo citato della legge del Casati. Nella quale, come si vede, la filosofia aveva il posto d'onore; ed erano tempi, in fatti, in cui in Italia si agitava ancora un forte movimento speculativo.

Ma vediamo i regolamenti. Il primo andato in vigore è quello approvato con R. D. 22 settembre 1860, che, salvo poche e lievi modificazioni, riproduce l'altro pubblicato con R. D. 15 agosto dello stesso anno. E all'insegnamento filosofico si provvede saggiamente, assegnandolo alla 2ª e alla 3ª classe liceale, con quattro ore settimanali per ciascuna: otto ore in tutto; mentre se ne assegnavano 12 all'italiano, 13 al latino, 11 al greco, 11 alla matematica 11 alla storia civile, 9 alla fisica e 5 alla storia naturale. Il ministro autore di quel regolamento era un filosofo: il Mamiani.

Il Regolamento Natoli successivo del 1° settembre 1865, conserva

---

[2] L'art. 4 della Legge-Decreto luogotenenziale 10 febbraio 1861 per le Provincie Napoletane dice: "Nel corso del secondo grado s'insegnano: la filosofia razionale e morale, l'algebra, la trigonometria, la fisica, gli elementi di chimica con applicazione all'agricoltura, la letteratura greca, la letteratura latina, la storia generale, gli elementi di storia naturale, la geografia, la lingua francese".

alla filosofia lo stesso numero di ore (tenuta anche in questo, come in tutti i regolamenti successivi fino al 1876, negli ultimi due corsi liceali); ma accrescendo l'orario, sia pure lievemente, alle altre materie, preparava inconvenienti, cui la filosofia era destinata più tardi a rimediare a proprie spese. Questo regolamento, bensì, come, credo, il precedente,[3] comprendeva negli esami scritti di ammissione al 3° corso e di licenza, una prova di filosofia. Prova abolita in seguito, e nel '79 invano tentata di ristaurare dal Perez, come s'è avuto occasione di ricordare.

Successero il 10 ottobre 1867 le Istruzioni e i programmi del Coppino, notevoli qui perché segnano il punto più alto della parabola nella storia della fortuna toccata alla filosofia nei licei. Poi è seguita una discesa, che non accenna, come ognun vede, a fermarsi. Immaginarsi che entrò nella commissione adibita dal ministro per la compilazione delle istruzioni e programmi, sanzionati con quel Reg. Decreto, uno dei più teneri amici della filosofia: Augusto Conti! Il quale affermava sì la necessità d'una riforma, generalmente sentita, anche nel nostro insegnamento, sì che «senza perdere solidità, ed anzi acquistandola maggiore, più s'adattasse alla capacità dei giovani; e, inoltre, certe dispute molto spinose, che trovan luogo in un superiore insegnamento, ma in un primo grado d'istruzione confondono le menti novizie o le svogliano dalla filosofia, fossero tralasciate»; e raccomandava quella tal filosofia elementare, di cui volle poco appresso proporre un esempio in un libro che ancora vivacchia, compilato da un suo scolaro, ma sulle tracce d'una sua opera e intitolato appunto: *La filosofia elementare delle scuole del Regno*.

Il Coppino volle distribuite diversamente le materie d'insegnamento; e compartì l'italiano, la storia e la matematica nelle prime due classi; la fisica e la storia naturale assegnò alla sola terza, serbando per

---

[3] Non ho potuto vedere il testo intero di quel Regolamento.

le altre discipline l'ordine anteriore. Così la filosofia rimase in 2ª e 3ª: ma ebbe mezz'ora di più per classe. L'orario più grasso che le sia mai toccato: 9 ore settimanali! L'aumento probabilmente fu consigliato dalle istruzioni compilate dal Conti, che invitava gl'insegnanti ad aggiungere alle lezioni teoriche, «conferenze d'esercizi», facendo prevalere le prime nel 2° corso, le seconde nel 3°, per modo che in quello a due lezioni dovesse seguire una conferenza, e in queste due conferenze a una lezione.[4] Orario grasso, ma che era accompagnato (ahimè!) da una *Filosofia elementare delle scuole del Regno*! «Il medico non può ammannire lui il farmaco che prescrive», faceva notare il Fiorentino. «La verità è autorevole da se stessa, e non ha bisogno dei vostri suggelli, e neppure di quelli del Ministero; in filosofia un testo ufficiale tronca i nervi alla libera attività del pensiero; e in Italia testi ufficiali non ne avemmo neppure quando ci era la censura e l'Inquisizione».[5] Non era precisamente un testo ufficiale: ma sarebbe stato molto difficile immaginare un corso di filosofia conforme ai programmi promulgati dal Coppino, senza accettare la *Filosofia elementare* del Conti e del Sartini!

Ad ogni modo, la filosofia ebbe allora ben nove ore; quante non ne ha potute avere più mai.

Nell'orario stabilito dal ministro Bonghi con la circolare 15 ottobre

---

[4] Esercizi che si sarebbero dovuti fare in tre modi:
"Scegliendo da un filosofo greco, nelle traduzioni latine migliori (se nel testo non si potesse), o da un filosofo latino, massime da Cicerone, un luogo filosofico da esaminare, acciocché lo studio della filosofia meglio cooperi allo studio delle lettere antiche; il quale esercizio sarà principale tra gli altri.
Proponendo un quesito logico, per cui venga esercitato il giovane, così a voce, come in iscritto, a ben distinguere la forma genuina del ragionamento dalla sofistica, c sollevarsi alla definizione dei più importanti concetti.
Proponendo la soluzione di qualche difficoltà sulle teoriche già esposte".

[5] Vedi il saporitissimo "Dialogo di Augusto e Francesco" negli *Scritti vari*, Napoli, D. Morano, 1876, p. 295; già pubbl. nel *Giornale napol. di filosofia e lettere* del 1872.

1874, si ritorna allo *status quo,* per effetto della relazione poco confortante presentata da una Commissione d'inchiesta sulla scuola secondaria. La quale relazione consigliava di rimettere nel 3° corso l'italiano, la storia e la matematica, poiché non parve possibile ottenere all'esame di licenza una buona prova in coteste materie, quando se ne fosse interrotto lo studio da un anno. La filosofia tornò alle otto ore di prima.

E fin qui poco male. Ma il Bonghi, che pur alla filosofia dedicò una parte de' suoi molteplici studi, fu il primo ministro avverso all'insegnamento filosofico, preoccupato com'era degli scarsi frutti che davano nelle scuole mezzane gli studi letterari. «Si discusse», ricordava più tardi celiando lo Spaventa, «si discusse, se il nome, se non la cosa, dovess'essere abolito: forse per salvare la cosa, si dovea celare almeno il nome. Era prudenza, accorgimento di Stato... Sia come si sia, l'ambiente non le era propizio, e per farla tollerare si pensò di travestirla, come una volta si faceva de' perseguitati politici: occhiali verdi, parrucca e barba posticcia».[6]

Comunque, le si fece la grazia per quella volta. Il 5 marzo 1876 lo stesso Bonghi emanava un nuovo regolamento, che avrebbe dovuto andare in vigore al principio del successivo anno scolastico; e la filosofia vi era condannata a contentarsi di due ore nel secondo corso e tre nel terzo: cinque ore in tutto, perché il latino e greco salissero a 20 ore, la matematica a 14: orario non mai avuto da questa materia, né prima né dopo questo secondo regolamento bonghiano. Ma il ministero Bonghi non vide l'alba del nuovo anno scolastico, e al Coppino, successo il 25 marzo, «parve prudente cosa e ragionevole... il considerare se, pel miglior vantaggio degli studi e della amministrazione, si potesse con qualche modificazione o corroborare vieppiù gli utili intendimenti ond'esso (Regolamento) era informato, o

---

[6] *Op. cit.,* p. 17.

renderne più facile e spedita l'esecuzione». E in un nuovo
Regolamento (approvato col R. D. 22 settembre 1876) la filosofia
ebbe altre due ore, «da occuparsi», prescriveva la Relazione, «segnatamente con la lettura e collo studio di luoghi filosofici latini e colla
spiegazione della nomenclatura filosofica, di cui tanta parte si chia-
risce colla lingua greca».

Il pensiero principale che si avesse allora, per effetto delle inchieste
sugli esami di licenza liceale, era quello di rinvigorire lo studio delle
lingue classiche. Il Coppino, nel luglio di quell'anno, aveva invitato i
professori C. Belviglieri, F. D'Ovidio e F. Zambaldi a studiare «se
potesse riuscire utile l'uso di testi scritti in latino di maniera che i giovani, costretti a leggerli por disteso, a prepararsi su di essi alle ripeti-
zioni, a mandarne a memoria alcuni tratti, avessero occasione di
acquistare una maggiore famigliarità con quella lingua».

Quei valentuomini discussero la proposta, e avvisarono subito alla
necessità, che questi testi, per conferire al fine degli studi classici, non
avrebbero dovuto venir meno alle condizioni dell'arte e all'eccellenza
della forma; il che non sarebbe stato possibile, se non per quelle
materie che «hanno diretta attinenza coll'antichità, il vocabolario
delle quali è dato dagli antichi stessi». Per le scienze positive e per la
filosofia il linguaggio moderno analitico, voltato in latino, non solo
non avrebbe potuto dare un latino classico, ma avrebbe in parte
richiesto molti giri e contorcimenti e sottintesi, in parte sarebbe stato
affatto intraducibile, e, quanto alla filosofia, troppo grave sarebbe
stato il pericolo di cadere nel latino degli Scolastici. «Ma il professore di filosofia», essi avvertivano nella relazione scritta dal prof.
Zambaldi, «potrebbe trattare molte parti della sua materia sopra fonti
latine, quali, per esempio, si trovano raccolte nell'Antologia del
Corte, e obbligare i giovani a prepararsi su quelle. Inoltre la esposizione di certe dottrine, che ora la gioventù raccoglie con sospetto e
diffidenza, si renderebbe facile e più gradita, se, in luogo di un carat-

tere precettivo, acquistasse un carattere storico».[7]

Tale proposta venne accolta dalla disposizione testé ricordata del Coppino, relativa all'insegnamento filosofico introdotto anche nella prima classe liceale. Fu un bene? Se ne discorrerà appresso: intanto si noti che l'insegnamento della filosofia, sfuggendo alla minaccia del Bonghi, delle cinque ore, riusciva a conservarne sette nell'economia delle varie discipline.

Sette ore ebbe parimenti la nostra materia negli orari ordinati dal ministro Baccelli il 10 ottobre 1881; ma le due del primo anno furono aggiunte alle due del secondo. Ritornato quindi il Coppino, ritornarono anche le due ore al primo anno, ma le due del secondo corso furon portate a tre; e così per l'ultima volta la filosofia toccò il numero ordinario delle otto ore. Ma questi del 23 ottobre 1884 sono gli orari più arditi, voglio dire più alti che si siano mai avuti in Italia; prescrivendosi nel liceo da 27 a 27 ore e ½ per classe. In Germania, com'è noto, si sale fino a 28 e a 30, e perfino, nella prima superiore, a 31 ore per settimana.

Tuttavia, per quante modificazioni si fossero introdotte fino al 1884 negli orari passati in vigore, in nessuno la filosofia aveva avuto meno di sette ore settimanali. Ebbene questo *minimo* fu anch'esso oltrepassato, – e per sempre, – dal Regolamento Boselli del 24 settembre 1889, che la filosofia assegnò a tutte e tre le classi con due ore settimanali per ciascheduna. Orario poi conservato dal Villari (26 maggio 1891), dal Martini (6 ottobre '92) e dal Baccelli nel Regolamento ancora vigente del 20 ottobre 1894.

Ecco la condizione fatta, da ben dieci anni a questa parte, all'insegnamento della filosofia in quello istituto liceale, sostituito, nella più parte delle provincie italiane, appunto al *corso di filosofia* de' nostri vecchi seminari, ordinati a norma della *Ratio et institutio studiorum*

---

[7] Vedi la *Relazione* in *Boll. Uff.* dell'agosto 1876, pp. 719 sgg.

Societatis Jesu; corso, il quale constava per lo più di tre o due anni, affidato quasi interamente a un professore di filosofia; al quale si aggiungevano un professore di morale e uno di matematiche, incaricato d'insegnare gli elementi della fisica, della geometria euclidea, e alcuni elementi di geometria e d'astronomia!

Eppure, anche ridotta a questi estremi, questa povera regina spodestata usurperebbe il campo altrui! Infatti, con sole sei ore in tre classi si può dire che per la filosofia non ci sia più posto nel liceo; e se per essa non v'ha più posto e pur si fa viva o accenna a farsi viva, e troppo giusto che le si deva minacciare il buon viaggio. Chi non ricorda l'apologo del topo e del riccio? La tana, nel rigido inverno, era del topo, e il riccio v'era entrato per favore. Ma... ecco come narra la fine dell'avventura l'abate Meli:

> Trasi lu Rizzu, e tantu si cc'incugna
> Chi pri li spini lu surci tarocca,
> E dispiratu da la tana scugna:
> E dicchiù lu rampugna
> L'usurpaturi, e jia gridannu ancora:
> Cui punciri si senti, nescia fora. –

Proprio così: la filosofia si sente pungere? Son dieci anni che si lagna e strilla; ebbene – esca fuori!

Ma no, si ripiglia: noi non si vuol dare lo sfratto alla filosofia, bensì solo ai filosofi: anzi neppure ad essi, ma ad essi soltanto in quanto filosofi. La filosofia può rimanere a patto che non sia insegnata dai filosofi, sibbene dai professori d'italiano e di storia; e possono rimanere anche i filosofi, a patto che lascino la toga filosofale, e insegnino latino e greco. Tanto la filosofia, insomma, quanto i filosofi devono un po' camuffarsi, per salvarsi: occhiali verdi, parrucca e barba posticcia.

Avete inteso? D'ora innanzi, se si vuol provvedere al bene dell'istruzione, occorrerà adottare un criterio sicuro quanto nuovo, non sospettato per l'addietro da nessun pedagogista; dovrà insegnare ciascuna materia non chi la conosce, ma chi l'ignora. E la ragione di questo nuovo criterio è chiara come la luce del sole: chi conosce una disciplina, l'ama e vorrebbe farla amare dagli scolari; e chi non la conosce, non l'ama lui e tanto meno cercherà di farla amare dagli scolari. Questa nuova pedagogia proscrive l'amore dall'insegnamento speciale, perché l'amore alla lunga diventa passione, e la passione acceca; e un insegnante cieco non può far altro che danno alla mente degli scolari. Quella pedagogia la quale insegnava a suscitare nei giovani il desiderio dell'apprendere, lo *studium*, era una pedagogia pericolosa, e ormai, conveniamone, troppo antiquata.

D'altra parte contro la nuova pedagogia è naturale che insorgano alcune ovvie domande. Per esempio: il professore d'italiano e di storia, addetti a insegnare la filosofia, come devono comportarsi? Non devono proprio aprire nessun libro che ne tratti? O devono impegolarsi anch'essi nella tenace pece filosofica, non volendo salire la nuova cattedra, puri e mondi, semplici letterati, semplici storici? Già quella vecchia pedagogia ha fatto contrarre l'abitudine a tutti di studiare un po' ciò che si vuole insegnare. E io metto pegno che la maggior parte dei nuovi insegnanti si periterebbe di farsi innanzi a spiegare filosofia, senza averne prima studiato un tantino. Ma studiare la filosofia, indossare la toga filosofale, impegolarsi in quella pece non sono poi tutt'uno? Perché, una delle due: o studiando, intendono, ed eccoli issofatto filosofi (più o meno: s'intende; ma quali insegnanti secondari di filosofia sono filosofi consumati?): o non intendono, e allora non avranno l'animo (è da sperarlo, almeno) di presentarsi a mo' di ciarlatani a far capire quello che essi per primi non capiscono. E se anche si presentassero, – tanto per portare fino alle estreme conseguenze la nuova pedagogia, – sforzandosi di dare quelle spiegazioni che naturalmente gli scolari chiederebbero loro, essi non correrebbero il pericolo di cominciare a capire un po', e poi un po' più, fino a impegolarsi per davvero, poiché, infine, anche *errando discitur*? E allora? Io, a dirla schietta, non ho molto fiducia in questa pedagogia nuova; non perché non sia ragionata, ma perché non mi pare che tenga conto abbastanza dei fatti più elementari dello spirito. Vuole che lo spirito si muova al buio; laddove lo spirito è essenzialmente luce; o vuole che di luce al più ne penetri un filo, per uno stretto spiraglio; senza pensare che di questa luce spirituale basta lasciar passare un raggio solo, perché il buio a poco a poco si dilegui tutto. Queste sono leggi ferree dello spirito; e come si fa a romperle?

E poi prevedo un grosso guaio. Oggi i letterati e gli storici, voglio dire i professori di lettere italiane e di storia appartengono, per lo più, alla schiera infinita di coloro, che non credono alla filosofia, e che, per una di quelle credule pazzie sferzate da Giordano Bruno, pensano che la sia tutta un'ubbia. Come s'indurrebbero, con siffatte disposizioni, a insegnarla? Con qual coscienza? Al più essi credono di dover rispettare quella scienza che oggi sentono tanto decantare e vantare, la psicologia sperimentale, o la psicofisica; ma come si può pretendere che s'impegnino d'insegnar una scienza, la quale richiede lunghi studi speciali e perfino un gabinetto tecnico?

Via, ci si dirà, non esagerate. Ogni dottore in lettere ha sostenuto nell'Università due esami di filosofia, uno di filosofia teoretica e uno di storia dei sistemi; e l'uno e l'altro presuppongono studi seri, che mettano in grado con un po' di buon volere a insegnare quel certo «po' di filosofia», che si dice utile alla scuola media. Che diavolo? Non si dice già che questo po' di filosofia debba essere insegnato dal primo venuto; i dottori in lettere qualcosa ne conoscono; ma, – e questo è il vantaggio, – non ne han fatto oggetto speciale di studi; l'amano sì, ma non troppo. *Ne nimis*; il troppo stroppia. Rivolti con l'animo, come sono, alle lettere, alla storia, essi non concederebbero alla filosofia se non il puro necessario. E in questi limiti l'insegnamento filosofico fa bene; al di là, farebbe male.[8]

Ebbene, esaminiamo punto per punto questa tesi, che in fine non porta certo una rivoluzione, come dianzi pareva, in pedagogia; e apparisce abbastanza ragionevole.

Ogni dottore in lettere ha frequentato due corsi di filosofia e sostenuto due esami. Dunque, si dice, ha fatto studi seri di filosofia. – La illazione può invero sembrare troppo ottimista. Le mie memorie universitarie sono ancor fresche; ed esse m'indurrebbero piuttosto ad affermare, che, salvo rarissime eccezioni, gli esami corrispondono a studi seri in quella sola disciplina, cui si riferisce la dissertazione di laurea, e quindi gli studi speciali d'ogni giovane. Chi presenta una dissertazione di letteratura italiana ha fatto studi relativamente seri in questa disciplina; nelle altre, se è un giovane diligente, può essere andato ad ascoltare tutte le lezioni dei rispettivi docenti; averle anche fissate in appunti, che avrà letti in prossimità degli esami, quando gli saran bastate tre o quattro letture per meccanizzare nel proprio cervello quelle poche nozioni, che possono contenersi nei due o tre quaderni di note. Né questi si diranno certamente studi seri, né anche in senso relativo. Ci sono, è vero, taluni professori, la cui parola sveglia in tutti i giovani eletti, a qualunque disciplina in particolare si addicano, un germe fecondo, un fermento d'idee, che si sente il bisogno irresistibile di penetrar meglio e chiarire con letture, con conversazioni, con qualche piccola ricerca personale ecc. Ma, in ogni caso, all'uscita dall'università che accade? Si lascia a questi giovani il modo di attendere a coltivare ancora le varie parti della coltura già acquistata? Tutt'altro: suona l'ora dei titoli; al liceo, a essere uno di quei tali

---

[8] Proprio, non si sa più che farsene di te, povero Tullio! Tu scrivevi nelle *Tusculane* (II, I, I): "Difficile est in philosophia pauca esse ei nota, cui non sint aut pleraque aut omnia. Nam nec pauca nisi e multis eligi possunt nec, qui pauca perceperit, non idem reliqua eodem studio persequetur". Ma era cosa da scriverla piuttosto ne' *Paradossi*!

professori d'italiano o di storia, non si arriva, se non chiudendosi, e questa volta per davvero, negli studi speciali, e non occupandosi più d'altro; sicché, se qualcosa pur si fosse imparato, è forza si disimpari. E quando si impara, che cosa si può imparare? a saper tanto di una materia, da poterla insegnare? Alla Scuola di magistero la sezione di filosofia non è frequentata se non dagli aspiranti alla laurea di filosofia. E poi, l'insegnante vero si forma sviluppando da sé, con i propri studi e con la esperienza, quei primi principii che un saggio insegnamento, universitario e di magistero, può dare.

Vero è che, a sentire più d'uno, migliore insegnante sarebbe chi della disciplina insegnata conosce quel tanto che ha da insegnare, o poco più, anziché chi nella stessa disciplina possa dirsi provetto; poiché questi tende sempre ad uscire dai limiti angusti di un ragionevole programma per fare sfoggio della propria dottrina, o partecipare agli altri più presto che può il tesoro di cognizioni da lui accumulato. E all'ingrosso questa è un'opinione accettabile; chi ignaro affatto del sanscrito, stia spiegando la morfologia greca agli alunni del ginnasio, non tirerà fuori a sproposito le forme sanscrite, utili soltanto in uno studio superiore ad illustrare comparativamente le greche, e non ne avrà nemmeno la tentazione: e ciò per la semplicissima ragione che, anche volendo, non potrebbe. Ma tale opinione è accettabile con un sottinteso, di cui non tutti vogliono ricordarsi: vale a dire, una cognizione limitata può servir meglio all'insegnante di una dottrina profonda, a patto che l'insegnante sappia insegnare; perché mettimi sulla cattedra chi poco sappia e poco sia atto a insegnar quel poco, e vedi bel costrutto, che se ne può cavare! Ora, se ci ha da essere questo requisito nell'insegnante indotto o semidotto, perché, di grazia, non ci ha da essere, per fare equamente e logicamente il paragone, nell'insegnante dotto? E un insegnante dotto, se sa insegnare, chi vorrà più crederlo inferiore all'indotto o semidotto? Dunque, bisogna sottintendere che questo sappia insegnare, e quello no; e poi dire sicuramente: il semidotto o indotto, libero da ogni tentazione, insegna meglio del dotto; proposizione che, messa in più chiari termini, può equivalere a questa ingenua sentenza a cui nessuno poi vorrà più apporre la propria firma: chi sa insegnare è migliore insegnante di chi non sa insegnare. Bella scoperta!

Eppure, si può replicare, è innegabile che anche un dotto che sappia insegnare, è esposto sempre al pericolo di dimenticarsi a chi sta parlando, o tentato a dar libera uscita al sapere che gli gorgoglia nel cranio; e questo pericolo l'insegnante indotto o semidotto non l'ha. Certo, se il primo sa insegnare, eviterà il pericolo; ma *errare humanum est*; e si sa, bisogna fuggir sempre le tentazioni.

Va bene, questo è il diritto; ma c'è anche il rovescio della medaglia. Di pericoli ne corre certamente l'insegnante dotto; ma non ne corre anche il semidotto, e più l'indotto? Ecco: al semidotto giunge un libro di testo nuovo; come potrà egli giudicarlo, se la sua scienza non è andata mai più in là dei libri di testo, né egli ha accostato mai le labbra al calice della scienza? I testi conosciuti innanzi possono avergli dato l'errore per verità; il nuovo testo gli dà per verità ciò che egli prima riteneva errore. Come se la caverà? Il caso più naturale è che egli, non avvezzo a riflettere criticamente, chiuda la porta sul viso alla verità, persuaso di scacciare così l'errore. – Un giorno un alunno che, oltre il testo scolastico, ha il vizio (degno naturalmente, per quell'insegnante, di ogni castigo) di leggere qualche giornale, di prestare l'orecchio a qualcun altro oltre il suo insegnante, di scartabellare qualche libro più o meno eterodosso, ti capita in iscuola a sciorinarti un dubbio, che lo tormenta, perché fa crollare tutto ciò che egli viene imparando; come salverà l'insegnante il suo prestigio? Contentandosi di dare un buon esempio di così detta morale, col confessare candidamente la propria ignoranza? Ahi che il suo insegnamento, che già non si reggeva più bene in piedi, se ne andrà a gambe levate! E gli scolari non presteranno più fede al maestro; e ritorneranno, un giorno

l'uno un giorno l'altro, a tormentarlo spietatamente; e quando egli si stancasse e gridasse, per salvare non foss'altro la disciplina: «Sono vietate le discussioni!», piegherebbero tutti il capo, né più lo guarderebbero in viso: quasi per dirgli, lì, sotto il muso: – Di', di' pure quello che vuoi: tanto, lo sappiamo che sei un asino. –
Che dire poi dell'indotto? Se insegnerà greco e latino, un giorno s'abbatterà in un errore di stampa; e si sforzerà lui con tutti i ragazzi a spiegare una forma verbale che non è mai esistita. Mi ricordo di un tale che assegnava agli alunni i temi di retroversione del Gandino; e uno scolaro, più furbo di lui, andava a ripescare nelle opere di Cicerone i brani originali, e li copiava. Ma era furbo, – l'ho detto; perciò non copiava tutto per non destare i sospetti del maestro con la perfezione del suo latino; e guastava in due o tre punti la prosa di Cicerone. Che avveniva? Che quel maestro i punti guasti poteva darsi talvolta che li trovasse schiettamente ciceroniani, ma nel resto era proprio incontentabile: *fastidii delicatissimi,* per dirla con lo stesso Cicerone. – Questo non va; in questo caso Cicerone avrebbe detto altrimenti; questo è latino maccheronico. – Non la finiva più; gli si svegliava la mania del ciceronianismo. E si possono agevolmente immaginare le proteste dell'alunno, e gli appelli alle frasi con tanto di *Cic.* trovate nel vocabolario; e si può anche credere, che per quello scolaro l'asinità del maestro non si limitava a non conoscere quei passi singoli di Cicerone! Continuò tuttavia a guastare sempre più Cicerone, tanto per contentare il maestro, e così sbarcare più tranquillamente il lunario.

Questi, per esempio, i pur gravi pericoli degli insegnanti modello secondo il parere dei nemici della dottrina sulla cattedra. E tra pericoli e pericoli io credo che questi siano più gravi dei primi; perché da un professore turgido di dottrina, che coglie ogni occasione per vuotare il sacco, non si apprenderà tutto; molti rimarranno col cervello in subbuglio; ma qualcuno, il volenteroso, imparerà quel tanto che farà per lui. Il cervello infatti è come lo stomaco; il troppo gli fa male; ma quando si è sani, il troppo si rifiuta.

Dunque, il vero, l'importante, il primo requisito dell'insegnante è che sappia insegnare; e poi, per conto mio, meglio se ne saprà molto e anche troppo, anzi che troppo poco; perché il vero sapere, che non è il sapere indigesto, il sapere che gorgoglia nel cranio di Gingillino, – il vero sapere ordinato, consapevole di sé, favorisce e non avversa le attitudini che si possono avere all'insegnamento. Un altro requisito quindi è assolutamente imprescindibile: che si sappia ciò che si deve insegnare; si sappia veramente, cioè con piena coscienza, con sicuro fondamento, non ignorando le ragioni che si potrebbero opporre al nostro sapere, né il modo di confutarle; conoscendo la «guisa del nascimento», come diceva Vico, di esso sapere, per modo che lo si possa ricostruire, perché conoscere è costruire la verità, *veruni et factum convertuntur*, come lo stesso Vico insegna. Ciò che non è così saputo, non è sapere, anzi morto ciarpame, incapace di muovere il nostro cervello e fecondarlo, svegliandone quell'attività, quell'arte costruttiva, onde si plasmano le menti de' discepoli.

Possiedono i professori di lettere e di storia un tale sapere in filosofia? Lo possono acquistare a un tratto per effetto di una riforma dell'insegnamento? Se lo possiedono, se possono possederlo, la nostra controversia è risolta: trasformate tutti i professori in filosofi, e primi ad esserne contenti ne saranno i filosofi, che si vedranno moltiplicati.

– Ma si tratta del puro necessario, che noi vogliamo conservato della filosofia. – Che cos'è questo puro necessario? Prima si diceva: gli elementi della logica e quelli dell'etica. La psicologia è una scienza speciale, ancora in formazione, piena d'incertezza, tutta ipotesi. Al più, al più, – s'è detto anche in Parlamento, dove si dicono le cose più meditate e più peregrine, – se ne potrebbe insegnare nella scuola media quella parte che è ben ferma, accertata, fondata sulle basi incrollabili dell'esperimento: la psicofisica. – Ora, di grazia: che significa che la logica e l'etica son necessarie, e la psicologia e il resto no? Già, si pensa da non filosofi e anche da filosofi, che la logica insegni a ragionare, e che l'etica insegni la morale. Ne più né meno. Ora, siccome di gente per bene e che ragioni dritto ne occorre avere quanta più è possibile; queste due parti della filosofia sono degne d'ogni rispetto, da introdurre anche negli istituti tecnici. – Ma, io mi domando, se per ragionare c'è bisogno della logica, come ha fatto, poniamo, Aristotele a crearla? Se si sa ragionare per virtù della logica, allora, prima che la logica fosse, si sragionava? Sicché Aristotele ha scritto sragionando, più o meno, la sua logica? – D'altra parte, i giovani che non sanno ancora ragionare, come faranno ad apprendere la logica del ragionamento? Tutt'al più, capirei che si foggiassero una logica dello sragionamento, dell'illogismo! Ogni cosa, mi pare, si può insegnare o imparare solo per via di ragionamenti; perciò il risultato dell'insegnamento della logica, dovrebbe essere precisamente il suo presupposto indispensabile. In verità, questo è un garbuglio tale, che io non me ne so distrigare. Così pure, per rispetto alla morale: come fa a sorgere la morale-scienza, se a questa sorta di riflessione non preceda nessuna vita morale? O non è questa il presupposto necessario di quella? O si attribuisce alla scienza quell'ufficio assurdo della rivelazione, che creerebbe di punto in bianco la morale con la promulgazione di una legge, ricevuta come tale da chi non ha saputo mai che significhi legge? Provatevi un po' a dar lezioni di morale a chi sia persuaso che l'uomo non sia astretto a nessun dovere; procurate di spiegare l'essenza della legge morale a chi ne neghi l'esistenza! La legge morale, se prima di tutto non regna sovrana nel cuore, non potrà mai rifulgere alla mente; o luccica di tratto in tratto come un'illusione effimera, nome vano senza soggetto; certo non avrà forza di legge morale.

La scienza non è catechismo: non impone regole; ma presuppone le regole e le studia nei loro termini e nei loro fondamenti. E quella scienza speciale, che è la filosofia, in quanto scienza dello spirito, essendo di natura sua riflessione dello spirito sopra di se, non può avere per proprio oggetto se non lo spirito, come esso è. Indubbiamente la morale, in quanto scienza, non può avere per oggetto questo o quello spirito. Lo spirito, a cui essa si riferisce, è lo spirito razionale, o quale vien concepito dalla ragione; ma, appunto perciò, dove l'individuo non corrisponde a tale spirito razionale, e la scienza apparirà una favola, e l'efficacia educativa di essa sarà impossibile.

Con che non si vuol negare l'efficacia educativa della logica e della morale; si vuole bensì conchiudere, che allora soltanto queste due discipline potranno giovare, quando tutta l'educazione, e prima e dopo questi studi anch'essi speciali, si adoperi a raddrizzare la mente e l'animo. Si vuol dire che l'alunno di logica deve già ben ragionare, affinché con la riflessione scientifica, quando incomincia a studiar logica, possa perfezionare con guardinga prudenza e con solerte consapevolezza i naturali processi spontanei del suo ragionamento. Così l'alunno di morale convien che alla scuola di morale giunga già saggiamente avviato per la buona strada, sensibile alla idea d'ogni cosa buona, pieno di rispetto per la grandezza morale e d'entusiasmo per gl'ideali, sicché possa dalla mente scendergli all'anima un'ispirazione e un ammaestramento di moralità più elevata, più precisa, più illuminata, più perfetta insomma. Ma per ciò non fa bisogno di un insegnamento apposito: chi non lo sa? L'esempio, l'esperienza continua d'una sana vita morale vai più, infinitamente più, d'ogni predica; e per la logica deduttiva la matematica, per l'induttiva le scienze, e per la morale la storia e la letteratura, esse stesse, possono riuscire più efficaci che non tutte le teorie logiche ed etiche.[9] Le vite di Plutarco e i *Promessi Sposi* conterranno ammaestramenti ben più prossimi e ade-

---

[9] In questo (come in altri punti) non so accordarmi perciò col prof. SANTE TERRARI, nel suo libro: *La scuola classica e l'insegnamento della filosofia*, Padova, Draghi, 1871, cap. IX.

renti allo spirito giovanile e ben più efficaci che non qualsiasi testo
meglio scritto di etica pura.

Il vero vantaggio che si può ricavare dallo studio della logica e del-
l'etica è diverso; analogo per un rispetto al vantaggio che si può ritrar-
re dallo studio delle altre scienze, alle quali s'è creduto e si crede di
dover far posto nell'insegnamento medio; superiore, per un altro
rispetto, in quanto più alto e più interessante per lo spirito umano ne
e l'oggetto. È bensì tale vantaggio, che, se vale a conferire un valore
pedagogico alla logica e all'etica, come non dovrà darne pure uno alla
psicologia?

Ma, quel che è più, si può costruire scientificamente o filosoficamente una logica o un'etica, prescindendo dalla psicologia? [10] Se il
vero sapere è quello genetico, che fa conoscere la guisa del nascimento, la logica non può stare senza la psicologia. Pensa anche il prof.
Masci, che «la logica si possa studiare indipendentemente dalla psicologia, più di quello che si possa, come pur si ammette e si pratica, studiare indipendentemente dalla dottrina della conoscenza, e dalla stessa metafisica».[11] Quanto alla dottrina della conoscenza io non credo
che da essa possa o riesca mai a scompagnarsi lo studio della logica;
quanto alla metafisica, si sa che a tempo e a luogo ogni insegnante ne
insinua nell'ostile programma le nozioni più necessarie. Ma andate
un po' a intendere la Logica di Hegel, senza aver studiato prima la
Fenomenologia!

Il concetto non si può dimostrare nelle sue proprietà (donde si rica-
vano tutte le teorie logiche) a chi non ne studii l'origine. Ma, osserva il Masci, «l'oggetto della logica è diverso da quello della psicologia.
L'una studia il pensiero vero, l'altra il pensiero come prodotto natu-

---

[10] L'autore non può qui non avvertire che dal 1899, quando questo libro fu scritto, ad oggi
il suo pensiero su questo punto ha fatto molto cammino (*Nota del 1924*).

[11] *Op. cit.*, p. 10.

rale. La logica è una disciplina per evitare l'errore (s'intende, per quanto è possibile), e perciò è come la legislazione del pensiero che vuole nei suoi procedimenti essere consapevole della legittimità e della validità universale delle conoscenze derivate. La psicologia invece studia il pensiero come semplice fatto, secondo le leggi della sua produzione, vero o falso che sia. L'opposizione del vero e del falso è così poco del dominio della psicologia, anche indirettamente, come quella del bene e del male nell'operare. La logica suppone quella formazione naturale che la psicologia studia, ma la verità delle sue dottrine, è, in limiti assai larghi, indipendente dalla verità delle dottrine circa la formazione naturale del pensiero».[12]

– Così il Masci. Ma si può anche pensare diversamente; e credere che alla logica competa un valore scientifico, – l'unico valore serio, come s'è veduto che possa avere, – in quanto essa, non altrimenti della psicologia, studia il pensiero umano come una realtà avente le sue leggi immanenti. La logica studierà questa realtà come già in atto, la psicologia la stessa realtà *in fieri*; ma in questa differenza e appunto il loro intrinseco rapporto e il loro naturale ordine pedagogico. Nel pensiero logico c'è il vero e il falso; ma il falso rispetto a che è falso, se non rispetto al pensiero stesso? Se il pensiero fuorvii, non può accorgersene e ravviarsi se non per virtù propria; perché la verità, in fine, non è se non il pensiero, il vero pensiero, oggetto della logica. Se il pensiero non avesse in se stesso il principio della correzione, se cioè non fosse logico di natura sua, la logica sarebbe un assurdo; poiché la logica è essa stessa un prodotto del pensiero. E se il pensiero è logico e si muove secondo verità, la logica non raddirizza il pensiero, ma lo studia, lo analizza; come fa per i gradi anteriori la psicologia. Dal dominio della quale, d'altronde, a me non pare si possa escludere

---

[12] *Op. cit.*, ivi.

assolutamente il falso come opposto al vero, in quel senso in cui se ne
parla in logica. Perché se si dice che l'allucinazione è un fatto così
naturale in psicologia come la più elementare percezione sensibile,
non so perché l'errore logico non possa ritenersi un fatto altrettanto
naturale nella sfera della logica.

Naturale si può dire l'allucinazione, in quanto essa è un effetto di
certe speciali cause fisiopsichiche: ma non a caso e non senza una
cagione s'incespica in un errore logico. Anzi, se il vero logicamente
non si spiega se non con la logica, il falso va spiegato con la psicologia; a quel modo che il falso, l'inganno psicologico, ha sempre un
fondamento fisiologico. L'anomalia logica consegue a un'anomalia
psicologica. Sicché la rilevata opposizione logica di vero e falso, fa
appunto della psicologia un antecedente necessario della logica.

La psicologia studia il pensiero come semplice fatto, vero o falso
che sia. Ma la logica, se prescindesse assolutamente dal pensiero falso,
potrebbe studiare il vero? Avrebbe modo di determinare questo vero,
ove non lo distinguesse dal falso? Credo anch'io che si potrebbe tralasciare il capitolo dei sofismi. Ma perché? Forse perché essi sono un
fatto men naturale dei sillogismi? No, ma perché la teoria dei sillogismi contiene già essa quella dei sofismi, a quel modo che la superficie esclusa da un cerchio non ha bisogno d'altra linea che la delimiti
oltre la circonferenza, che limita la superficie inchiusa nel cerchio.
Ora, come le superficie limitate da una periferia circolare son sempre
due, così la teoria logica determina non soltanto il vero ma anche il
falso. Prova che la logica presuppone nel pensiero tanto il vero quanto il falso, come possibilità della sua medesima origine: segno che
anche il pensiero, a cui la logica si riferisce, è un processo che può
esser vero in quanto può anche essere falso. E come sarebbe vana una
logica che non rilevasse la differenza tra un sofisma e un sillogismo,
vana sarebbe pure una psicologia che, innanzi al fatto naturale della
vita psichica, non sapesse scorgere la differenza tra l'allucinazione e la

percezione sensibile, questa determinando come il fenomeno psicologico normale e quella come un'anomalia.

Del resto, anche ammettendo una gran diversità tra l'oggetto della psicologia e quello della logica, non si viene perciò a dirimere il nodo strettissimo, da cui le due scienze sono fra loro avvinte. Comunque, è sempre lo stesso spirito, di cui si è studiata la psicologia, e che è soggetto di tutte le operazioni logiche; e se questo spirito deve salire per i gradi della psicologia prima di sviluppare la logica, è innegabile la precedenza della prima scienza rispetto la seconda.

Si dirà tuttavia: va bene che la scala che mena alla logica è la psicologia: ma quando lo spirito è tanto innanzi nelle sue conoscenze da essere in grado di studiare se stesso, che cosa si trova dinanzi? So come spirito che sale la scala della psicologia, o sé come spirito, che, pervenuto al sommo della scala, opera da soggetto logico? Per rifare la scala, evidentemente egli dovrebbe tornare indietro e ridiscendere; astrarre dalle sue presenti condizioni e ritornare con opera di forte riflessione allo stato già oltrepassato. Tutto questo non è ben più difficile del considerarsi nello stato attuale, che è poi il suo stato normale?

Ebbene, mi sia consentita a questo punto una breve digressione. La odierna pedagogia dice: dal noto allo ignoto, dal vicino al lontano, dal presente al passato, dal nostro paese alle più lontane regioni. Ma, quanto a me, se posso dire la mia, devo confessare che questa tale pedagogia ora proclamata e commentata in tutte la nostre povere scuole normali (che Dio le abbia in grazia!) non mi capacita del tutto. Cioè, dal noto allo ignoto, questa è una massima rispettabilissima in sé; ma che non dice nulla, finché non determini che cosa sia il noto. Già con la persuasione che c'è in Italia, che tutta quanta la pedagogia possa e debba passarsi della filosofia, come puoi far obbligo alla prima di dirci che cosa è il noto? Per dircelo, s'avrebbe ad addentrare in quelle oscure e pericolose ricerche, in cui i filosofi s'industriano di assottigliare i loro cervelli e arrischiare teorie intorno alla dottrina della conoscenza. Ecco: il Rosmini, il quale in verità, – per quanto si sforzino discepoli ed avversari, per opposte ragioni, a scolparlo, – fu un filosofo per davvero, il Rosmini, così poco ricordato e tanto meno studiato dai nostri presenti pedagogisti, credette di fondare sulla sua ideologia (come allora si diceva, alla francese, la teoria del conoscere) la questione del «supremo principio della metodica», (quella appunto che ora abbiamo accennata), e la sua conchiusione è più persuasiva, comunque egli disegnasse di dedurla e farne applicazione.[13]

Oggi, dunque, si dice da molti: il presente va studiato prima del passato, perché il presente è il noto, il passato è l'ignoto. Non so come in quel corso completo di storia che si studia tra ginnasio superiore e liceo non si sia avuto ancora il coraggio di capovolgere l'ordine, assegnando la storia più recente e contemporanea alla 4ª classe del ginnasio e la orientale e greca alla 3ª del liceo. Molti, ad ogni modo, criticano l'ordinamento vigente, lamentando la fatica che si deve durare per condurre le menti giovanili a immaginare popoli e tempi così diversi e remoti dalla quotidiana esperienza, né sospettano menomamente che la loro tesi possa essere combattuta. E si sente da taluno affermare la stessa teoria didattica per lo studio della storia letteraria italiana, proponendo che quell'antica nostra poesia dugentistica e trecentistica, così aliena dal sentire e dalle forme odierne, venga rimandata all'ultimo anno del liceo, assegnando al primo la storia degli ultimi due secoli, ora studiata in fine. La proposta è stata fatta dal D'Ancona e dal Bacci, nella prefazione al loro pregevolissimo *Manuale della letteratura italiana*, che tutti conoscono. – Meno male, c'è da dire ai due valorosi autori, che questa idea v'è venuta alla fine, quando l'opera era già scritta e stampata! Che se vi fosse venuta a principio, volendo ordinare il Manuale per i licei, che avreste dovuto

---

[13] [Per una mia critica posteriore al principio rosminiano, cfr. il vol. *Educazione e scuola laica*, Firenze, Vallecchi, 1921, pp. 73 sgg.].

fare? Non certo più muovere, come tutti gli altri, dal secolo XIII per venire all'Ottocento: ma far tutto il cammino a ritroso. Anzi, non proprio tutto; che non sarebbe stato tanto gran male; ma, invece, aprire lo studio con l'Arcadia e venire fino al Manzoni, e poi tornare indietro fino al Rinascimento per risalire alla Arcadia, e infine attaccare all'Arcadia la scuola siciliana per terminare finalmente al Rinascimento. Né avrebbe giovato il dividere l'opera in tre volumi differenti; poiché al principio del secondo l'esigenza didattica avrebbe sempre richiesto, almeno dall'insegnante, un legame col precedente; e così al principio del terzo: con quella confusione che è facile immaginare.

Né sarebbe questo il maggiore inconveniente di un simile capovolgimento negli studi. Il presente è figlio del passato: è lo stesso passato venuto a un grado più avanzato di sviluppo. Ma ciò che è stato, – e questo è il punto importante, a cui non tutti vogliono attendere, – non ha finito di essere, non è annientato, anzi vive in ciò che è.

Il presente è l'uomo fatto; il passato è l'uomo stesso (lo stesso individuo) ancora fanciullo. Ora il fanciullo, divenuto adulto, non è morto; anzi ha accresciuto la cerchia della sua vitalità, e vive di più, spiegando maggiore attività e potenza. Ci si volge all'età infantile, come a un «passato irrevocabile»; e si vuol dire, che l'infanzia è stata superata. Ma la fanciullezza non ha soppresso assolutamente l'infanzia; perché se ricominciasse da capo, sarebbe un'altra volta infanzia, non fanciullezza. I primi anni son conservati e aumentati. Così negli anni dell'uomo adulto, son pure compresi e permangono gli anni del bambino, del fanciullo, del ragazzo, del giovane; e così dentro all'uomo c'è sempre il bambino e il fanciullo ecc. sopravvissuti e presenti. Si ricordi quell'uomo vecchio (il bollente Lodovico) che stava dentro all'uomo nuovo, in fra Cristoforo; si ricordino que' suoi occhi incavati «per lo più chinati a terra, ma *che* talvolta sfolgoravano, con vivacità repentina; come due cavalli bizzarri, condotti a mano da un coc-

chiere, col quale sanno, per esperienza, che non si può vincerla, pure
fanno, di tempo in tempo, qualche sgambetto, che scontan subito,
con una buona tirata di morso». C'è qualche cosa di sostanziale in
ogni uomo, quel tale fondamento che natura pone, e che è indelebi-
le. È l'individualità del bambino, che sarà l'individualità dell'uomo.
L'uomo tuttavia non è il bambino; e gli anni non passano per niente
sul nostro capo:

> Aetatis cuiusque notandi sunt tibi mores:
> ....
> Recidere qui voces iam scit puer et pede certo
> Signat humum, gestit paribus colludere et iram
> Colligit ac ponit temere et mutatur in horas.
> Imberbus iuvenis tandem custode remoto
> Gaudet equis canibusque et aprici gramine campi,
> Cereus in vitium flecti, monitoribus asper,
> Utilium tardus provisor, prodigus aeris,
> Sublimis cupidusque et amata relinquere pernix.
> Conversis studiis, aetas animusque virilis
> Quaerit opes et amicitias, inscrivit honori,
> Commisisse cavet quod mox mutare laboret.
> Multa senem circumveniunt incommoda...

Tutto verissimo: e Orazio ha ragione, a patto si sottintenda che non
ogni età ha i suoi *mores*, ma in ciascuna età ha i suoi ogni individuo,
in un modo suo, che è la storia della individualità propria di ogni persona.

Perché oggi si propugna (con mille ragioni) il metodo storico-gene-
tico in ogni maniera di studi? Noi vogliamo studiare l'*Orlando
Furioso*; che c'entrano i romanzi cavallereschi anteriori? Si dice: quello dipende da questi, poiché in questi si trovano le sue fonti. Il che

veramente vuol dire, che i precedenti del *Furioso* non sono già assolutamente precedenti e come un passato morto rispetto al *Furioso*; anzi gli sono immanenti, vi sono dentro, lo costituiscono e gli dan vita. Il *Furioso* è quello che è, per aver assunto a nuova vita elementi preesistenti, i quali perciò vanno studiati da chi voglia intendere il *Furioso* poiché non sono cosa diversa da esso; anzi, sono il poema stesso nella sua forma germinale. – Ora che cosa è più semplice, più facile a determinarsi e ad intendersi: il *Furioso* o i suoi antecedenti? Se il *Furioso* è qualche cosa di più, come è senza dubbio, de' suoi antecedenti, questi certamente saranno più semplici, e quindi di più facile analisi e intendimento.

Per formare il due, io ho bisogno dell'uno; e però l'uno è più semplice, più elementare, e perciò lo spirito incomincia dall'uno. Più si procede e più si va dal semplice al complesso, e dal meno al più complesso. Si dice che il passato è gravido del presente; è vero; ma non è meno vero che il presente è gravido del passato; perché lo contiene tutto dentro di sé, in ciò che il passato aveva veramente vitale. Sicché, a studiare prima il presente e poi il passato, si è certi che, fin da principio, dallo stesso presente ci balzerà fuori d'un tratto il passato, e ci s'imporrà necessariamente lo studio di questo, se si voglia davvero venire a capo di quello.

La ragione, a dirla in breve, è la seguente: che il complesso comprende dentro di sé il semplice; l'eterogeneo contiene, per dirla con lo Spencer, l'omogeneo; la differenza, l'identità; il particolare, l'universale; e così via. Né il complesso, né l'eterogeneo, né la differenza, né il particolare s'intendono perciò senza il semplice, l'omogeneo, l'identità, l'universale.[14] E però invece che indeterminatamente: dal noto all'ignoto, io direi precisamente: dal semplice al complesso, dal

---

[14] E si ricordi, d'altra parte, quella dignità (LXIV) del Vico: "L'ordine delle idee dee procedere secondo l'ordine delle cose".

meno complesso al più complesso, – che è il vero metodo razionale.
Nella storia dello spirito la logica è il presente, e la psicologia il passato. Orbene, voi potrete certo proporvi d'incominciare dal presente,
come dal più noto, per giungere poi al passato men noto o ignoto;
ma, poiché il presente contiene il passato, questo, prima o poi, vi farà
pentire del proposito vostro e vi costringerà a tornare indietro.
Perché, alla prova, quello che a prima vista appariva noto, si scopre
più ignoto dell'ignoto, poiché è l'ignoto più qualche altra cosa; e
quello che appariva facile, riesce più difficile, constando del difficile
e d'altro ancora.

Il pensiero logico non cessa di essere psicologico. Se noi abbiamo
paragonato la psicologia a una scala, la logica non è un piano superiore, nel quale si possa abitare e aggirarsi, – una volta saliti, – senza
veder più la scala. La psicologia si compie nella logica, non si annienta; rimane, in ciò che ha di normale, dentro la logica stessa. Studiate
il concetto, il primo elemento della logica, cioè la sua teoria più semplice, che si va poi sempre più complicando nelle successive. Ma per
intendere il concetto, ne ricercate la genesi dalla rappresentazione, ed
eccovi sdrucciolare nella psicologia. Né potete fare altrimenti: il concetto voi lo conoscete in quanto lo distinguete dalla rappresentazione; e se questa distinzione non sapete fare, inciamperete al primo
passo, alla prima teoria desunta dalla natura del concetto. La definizione di una rappresentazione riesce impossibile; e perché io potrò
definire l'uomo, e non potrò definire Tizio? Per la differenza che c'è
tra il concetto e la rappresentazione. Dunque, da capo; che cos'è la
rappresentazione? Ma come posso intendere, che cosa è la rappresentazione, se non so che cosa è la sensazione? – Così nel primo capitolo della Logica del prof. Masci, nella quale si vuole prescindere dalla
psicologia, si parla delle differenze tra rappresentazione e concetto:
differenze, che è ovvio, potranno essere intese dallo studioso, riusciranno limpidissime alla mente dell'autore; ma per gli alunni, nuovi

agli studi filosofici, non potranno avere un significato, se l'insegnante non premetterà un compendio, anche brevissimo, di psicologia. E con qual vantaggio? Di rendere, condensandolo, molto più difficile ciò che si giudica difficile, se anche trattato più pianamente e a parte e a parte, con tutte le cautele che una sennata didattica può consigliare a chi dispone di un periodo di tempo sufficiente all'insegnamento d'una materia.

Le cose fuor del loro stato naturale, avvertiva il Vico, né vi s'adagiano, né perdurano. E lo stato naturale dello spirito è la sua storia. A volerlo cacciare a ritroso di essa, non si riesce a nulla di duraturo o di saldo. Il supremo principio della metodica è quello del Rosmini: di una serie d'idee prima va insegnata quella che non ha bisogno delle altre per essere appresa, seconda quella che non ha bisogno se non della prima; e così via. L'insegnamento che non si conformerà a questo metodo, prima o poi sarà costretto a rifarsi da capo.

La logica adunque dev'esser preceduta dalla psicologia. Quanto all'etica, anche il Masci sostiene che essa presuppone la psicologia. Giacché tutti i fondamenti della morale o sono ricavati dalla psicologia, o dai risultati della psicologia non devono essere contraddetti e scalzati. E questo accordo qualsiasi dell'etica con la psicologia, fa di questa un necessario presupposto di quella.

Ma la psicologia, poi, ha più ipotesi che tesi. Forse, s'è detto, nel liceo potrebbe insegnarsi utilmente la psicofisica.

Se non che la psicofisica non è punto psicologia, né per ciò che si propone di fare, né per ciò che realmente fa; e non giova certo a spiegare nessun fatto dello spirito, né psicologico, né logico, né morale, né estetico, né religioso, né altro. Conosco, in verità, più d'un insegnante infatuato di questa novella scienza di amminicoli, e che se ne fa forte per gridare: Non più psicologia!; come una volta si gridava: Non più metafisica! – per l'unica ragione che in questa nuova scienza si studia finalmente lo spirito, studiando... il corpo. Si sarebbe così usciti, finalmente, dal pelago alla riva! Ma il guaio è che la stessa psicofisica presuppone la psicologia: perché, che cosa è la psicofisica? Il Fechner, che ne è il fondatore, l'ha definita «una teoria esatta dei rapporti tra l'anima e il corpo, e, in generale, tra il mondo fisico e lo psichico». Togliete da questo concetto tutta la metafisica che vi pare, i così detti fenomeni psico-fisici rimarranno sempre rapporti tra la fisiologia e la psicologia; rapporti, perciò, senza niun valore e significato, ove non si conoscano entrambi i termini o solo uno di essi. La famosa legge: le sensazioni crescono come i logaritmi degli stimoli, non ha valore scientifico, se da una parte non s'intende il valore fisiologico dello stimolo, e dall'altra quello psicologico della sensazione. Il famoso parallelismo non si può concepire con una sola parallela. Del resto, è noto quanta poca stima della psicofisica faccia il suo più insigne cultore vivente, il Wundt,[15] perché ci si deva intrattenere qui a dimostrare in che angusti limiti essa possa entrare a far parte di un insegnamento elementare di psicologia e come non si possa certo pretendere di sostituirla del tutto a quest'ultima.

– Ma quest'ultima non ci offre che ipotesi! – A questo io ho da fare due osservazioni.

1°. Gran parte della psicologia, di quella elementare che si può insegnare nel liceo, non è punto controversa, né si fonda su ipotesi. – Sensazione e sue proprietà; percezione; rappresentazione; ordinamento delle rappresentazioni e associazione; immaginazione; memoria; sono tutti argomenti assodati nelle loro linee generali. Certo, v'ha, a quando a quando, qualcuno che muove le acque per dire una novità che era stata detta molto prima; ma la colpa in questi casi è di cotesto qualcuno, non della scienza, già definita da un pezzo.

Così l'anno scorso il professore Giovanni Dandolo, – che pure è

---

[15] Vedi C. CANTONI, *Sul concetto e sul carattere della Psicologia*, nel fasc. luglio-ottobre 1899 della *Rivista filosofica*, a. I, vol. II, pp. 3-32.

uno de' più seri cultori nostri di questi studi, – in una monografia intitolata *Le integrazioni psichiche e la percezione esterna*,[16] si faceva ad esporre una teoria «nuova» della percezione esterna, che sarebbe una sensazione integrata dalla localizzazione; la quale teoria era stata però sostenuta, con certe particolari vedute, almeno fin dal 1881 dal prof. G. Sergi nella sua *Teoria fisiologica della percezione*;[17] ma da altri prima ancora dell'81; si faceva a combattere nel Rosmini, come autore di «un ordine di idee... di gran lunga sorpassate da più scientifiche e felici intuizioni»[18] la teoria galluppiana della sensazione percettiva del mondo esterno, per aver frainteso un termine del Rosmini, che condensa appunto la teoria dal Dandolo propugnata, e già dal Rosmini con maggior copia di critica sostenuta contro il Galluppi e i volgari empiristi francesi del secolo XVIII, non solo nella *Psicologia* (la cui 1ª ed. è del 1846) ma già fin nel *Nuovo Saggio sull'origine delle idee*, pubblicato a Roma nel 1829-30. Certo, per chi tien conto del progredire degli studi in tal modo, la psicologia, anche più elementare, sarà sempre nel campo delle ipotesi!

2°. Ma ipotesi certamente ve n'ha in psicologia, o per dir meglio, dottrine accettate dagli uni e rifiutate dagli altri. Così, per ricordare due delle questioni più grosse nella psicologia contemporanea, la teoria dell'incosciente e quella della spiegazione genetica della idea dello spazio, dividono tuttavia i pareri de' psicologi. Ma come accade ciò? Quando, da una parte, si adducono ragioni in favore di una tesi e credute decisive, e da un'altra non se n'adducono di meno favorevoli alla tesi opposta, né credute meno decisive, e si continua la disputa senza venire mai a una conchiusione qualsiasi, io stimo per certo che le due parti contendenti sono entrambe nel torto: che alla verità non si

---

[16] Padova, Draghi, 1898.

[17] Cfr. anche la *Psicologia per le scuole* dello stesso autore.

[18] p. 16.

oppone ragione alcuna; salvo che una delle due parti contendenti non stia sempre a sbraitare, sorda a tutte le dichiarazioni dell'altra, – come pur troppo accade oggi per più d'una questione toccata in questo scritto. La teoria dell'incosciente può essere accettata o non accettata, perché non da tutti i suoi sostenitori si fa una netta distinzione tra sensazione e percezione: fatta la quale distinzione, ammesso che la sensazione come tale non è entrata per anco nel campo della coscienza, non c'è più modo, salvo che non si voglia sofisticare in perpetuo, di rifiutare l'incosciente.

Ora è molto decimata la schiera degl'innatisti nella questione dello spazio. Ma che essi abbiano torto o ragione interamente io non so ammetterlo; perche né le dimensioni, le singole determinazioni spaziali, sono innate, com'essi sostengono, essendo stata dai genetisti dimostrata la necessità del contrario; né, d'altra parte, è dimostrato che l'esperienza ci dia (punto dai genetisti non avvisato nemmeno), oltre le singole determinazioni spaziali, anche l'attitudine ad acquistare queste determinazioni, attitudine indeterminata, che si potrebbe dire della spazialità. Distinzione, fatta la quale, credo che la controversia potrebbe essere agevolmente risoluta in un accordo generale.

Ma in questa e in altre questioni se un tale accordo manca, se le teorie non possono tuttavia dirsi definitive, che perciò? Che male per l'insegnamento, se il docente sostiene l'incosciente o lo combatte, se è un convinto innatista o un convinto genetista?

Le scienze, nel liceo, non possono prefiggersi uno scopo dommatico, come si vedrà nel processo di questo studio; se il liceo è preparazione all'università, e non una scuola a sé, gl'insegnamenti di esso non possono se non preparare, educare, formare lo spirito. Che si accetti una teoria piuttosto che un'altra, come campo di questi esercizi che preparino e formino lo spirito, non conta; importa sommamente che si acquisti un'idea dello spirito; che la si acquisti conforme agli studi più recenti, e s'impari a riflettere sulle operazioni e costituzione dello spirito, per potere scorgere il fondamento così dei fatti logici ed etici, come di tutti gli altri fatti umani. E si badi: le ipotesi hanno un dominio così ristretto in psicologia, che si muovono sempre dentro i limiti certi delle fondamentali tesi psicologiche, – il cui studio e conoscenza è ciò che specialmente si richiede come parte necessaria dell'istruzione mezzana.

Che il giovane uscendo del liceo sia innatista o genetista, non può avere nessuna importanza; ma assai ne ha, che il giovane sappia che né il tatto né la vista, di per sé, forniscano, come volgarmente si crede – la percezione delle forme e, in generale, delle dimensioni; assai ne ha che non ignori il rapporto della sensazione con la percezione, le leggi certe dell'ordinamento o associazione delle rappresentazioni; assai ne ha che intenda il rapporto fra sensazione e sentimento ecc.; – che non sia ignaro, insomma, delle nozioni fondamentali della psicologia, di quelle che fanno conoscere tutti i fenomeni dello spirito, se non la loro spiegazione, nei confini amplissimi dentro di cui possono sorgere, difendersi o combattersi le ipotesi dei singoli psicologi. Che tutti i psicologi, – vadano fra di loro d'accordo o no, e discutano le più o meno accettabili teorie, – hanno bensì un linguaggio comune in cui discutendo s'intendono, hanno un patrimonio comune di osservazioni fondamentali, che è quello che deve entrare a far parte della coltura di chi s'avvia a studi elementari di logica e d'etica.

Ma già, ripeto, s'è fatta la grazia anche alla psicologia: la quale, esclusa l'anno scorso dai programmi dei sei licei, in cui si volle fare esperimento di alcune riforme, questo anno vi è stata rimessa per intercessione di uno dei presidi di cotesti licei riformati. Il quale nella sua relazione osservò, che, «pur riducendo l'insegnamento della filosofia alle due ultime classi del liceo, se allo studio della logica nella seconda classe si premettesse, senza aumentare l'orario, un brevissimo corso di psicologia elementare, il professore di filosofia non solo non avrebbe motivo di lamentarsi, ma dovrebbe anzi chiamarsi contento di non dovere insegnare questa materia ad alunni, quali sono quelli della prima classe, non ben maturi a tale studio».[19] E così il programma di filosofia nei licei riformati, il cui numero quest'anno è salito a dieci, prescrive, oltre gli *Elementi ed esercizi di logica* e gli *Elementi di etica*, anche: *Brevi nozioni di psicologia per introduzione agli elementi di logica*. Ma se la parola del benemerito preside è stata ascoltata rispetto alle materie da insegnare, non è stata ascoltata, mi pare, rispetto alla distribuzione di esse; in cui è stata introdotta una gran novità. In mezzo al variar degli orari e tra lo scendere e salire della filosofia dalla prima alla seconda liceale, abbiamo visto che essa non è stata mai tolta dalla seconda. I nuovi orari, invece, pei licei riformati assegnano alla filosofia quattro ore sole nel terzo anno. Il numero delle ore in cotesti licei rimane al postutto quello di prima, – perché l'anno scorso si davano due ore alla 2ª e due alla 3ª; e ora s'è creduto di concentrare tutto l'insegnamento in un solo anno. E il concentramento dell'orario è da applaudire, dato che l'insegnamento filosofico debba essere di quattro ore in tutto il liceo; ma il concentramento della materia, io chiedo, è possibile? Intenderei quattro ore in un solo anno, assegnando in programma la sola psicologia, o al più la psicologia e la logica. Ma psicologia, logica ed etica costrette in un solo anno, in cui si studiano contemporaneamente altre sette discipline, mi par che stiano troppo a disagio, e riescano un compito didatticamente impossibile. Perché non bisogna computar solo il numero delle ore di lezioni, che di una data disciplina si assegnano all'insegnante; ma anche l'agio che si dà agli alunni di riflettere, di lavorare quella disciplina, di rimuginarla dentro di sé, di persuadersi insomma: agio che si lasciava di più con l'orario di quattro ore in due anni, che or non si lasci con questo che s'è creduto di sostituire.

---

[19] Relaz. cit., *Boll. Uff.* del 16 novembre 1899, p. 1919.

Ma e col primo e col secondo la verità è che l'insegnamento filosofico è reso impossibile, condannato a morire per inanizione. Epperò noi non abbiamo fatto nel presente scritto questione d'orari, ma questione di essere o di non essere.

Questo puro necessario che per ischerno, forse, della povera cenerentola, si dice debba conservarsi nella scuola media, è ridotto a tale, che la cenerentola è costretta fra non guari a uscire dal liceo, pel niun frutto che potrà più cavarne.

V

RIFORME IN ESPERIMENTO

Le scuole, si è detto, riescono tanto più efficaci alla educazione della mente e del cuore, quanto meglio rispondono ai bisogni reali della vita; sarebbe pericoloso ed assurdo, in mezzo al rapido e continuo mutare delle condizioni della società moderna, mantenere immutati i vecchi ordinamenti scolastici. – Criteri rettissimi, che non si possono rifiutare da chi desideri il vantaggio della scuola. Se non che, quali misure sono state adottate a norma di tali criteri? Si è accresciuto il numero delle materie dell'insegnamento liceale. Ma non si lamenta da quarant'anni che il vizio organico della nostra scuola secondaria, segnatamente liceale, è appunto la molteplicità delle materie eterogenee? Non s'è detto sempre che il più grave problema era appunto quello dell'unità dell'insegnamento in una scuola come il nostro liceo, dove erano già sette insegnanti e otto materie?

Proprio quest'anno s'era acuita la critica in una dotta memoria,[1] che ha dato luogo a una serie interminabile di accuse e di lagnanze contro questa scuola unica, in cui s'agglomerano tanti e così diversi insegnamenti, col pretesto della cultura generale.

E che s'è fatto per rendere più moderno il liceo?

---

[1] M. KERBAKER, *Osservazioni sul riordinamento dell'istruzione secondaria*, Napoli, 1899 (una assennatissima critica del Liceo moderno a pp. 34-7).

La filosofia, come s'è notato, è stata relegata nel terzo anno. La storia naturale s'è ristretta, conservando lo stesso orario, ai primi due anni; la fisica agli ultimi due, resecandone un'ora; un'ora, in second'anno, ha perduto anche la storia, e s'è resa in terzo anno facoltativa la matematica, per chi non voglia iscriversi alla facoltà di scienze fisiche, matematiche e naturali.

Fin qui non mi pare si progredisca molto in modernità; tranne che la storia e le scienze non si giudichino anch'esse roba antiquata. Né la modernità starà nel taglio inflitto alla filosofia; ché la Francia, paese abbastanza moderno, istituendo un vero e proprio *enseignement moderne* distinto dal classico, non ha scemato l'orario di sei ore settimanali consacrato alla filosofia, almeno nella *première* (*lettres*).

La modernità consiste nel rendere facoltativo il greco per chi non vorrà iscriversi alle facoltà di lettere, e nello introdurre due lingue e letterature moderne nel liceo: francese e tedesca. Era un pezzo che si reclamavano questi studi. La lingua francese già insegnata nei ginnasi delle Provincie napoletane, per la legge-decreto del 10 febbraio 1861, venne dal ministro Villari introdotta in tutti gli altri del Regno. Ma si voleva anche il tedesco; poiché si osservava che i giovani licenziati dal liceo, avviandosi nell'università allo studio speciale delle singole scienze, tanto più avrebbero in esse profittato, quanto più sarebbero stati in grado d'informarsi del progresso di quelle scienze in un paese di così intensa attività scientifica come la Germania. Si sa: tutti i nostri scienziati e studiosi, dal '60 in qua, guardano sempre alla Germania; e la lingua tedesca apparisce perciò, giustamente, uno de' ferri del mestiere più necessari a chi voglia coltivare qualunque specie di studi. Perciò s'è creduto di aggiungere lo studio della letteratura francese a quello della lingua, e lo studio della lingua tedesca, in tutti e tre i corsi liceali; con un orario complessivo di tre ore sole per la prima, ma ben sette per la seconda. In ciò consiste la modernità de' licei riformati.

Già fin dall'anno scorso gl'intendenti cominciarono a gridare contro l'eccessivo agglomeramento di lingue; e un professore valente[2]
scrisse un articoletto sulle *Cinque grammatiche*, per rilevare i gravi
inconvenienti che la nuova riforma arrecava all'insegnamento medio.
Ma io penso che non si tratta né anche qui d'inconvenienti; bensì di
un'assoluta impossibilità, contro cui non valgono sforzi di riformatori. Si vuol mettere in mano ai giovani, tutti insieme, cinque grammatiche e cinque vocabolari (perché è da sperare che non abbandonino
il vocabolario italiano, né pur troppo è dato sperare che possano
lasciare né anche la grammatica italiana e neppure la grammatica e il
vocabolario francesi). Ma qual mente è stata mai in grado di condurre innanzi simultaneamente cinque studi paralleli? Perché in questo
caso non si tratta di studi diversi che occupino le differenti facoltà
dello spirito; ma proprio di quelli che le occupano egualmente tutte,
quali sono in genere gli studi di lingua. Nella lingua si concreta tutta
intera la psiche di un popolo. E se è fondamentalmente diversa la psiche germanica dalla greco-latina, non è possibile che lo spirito
contemporaneamente si approprii i due ordini differenti di lingue.
    Ma qui è necessaria una parentesi; perché abbiamo rasentata una di
quelle questioni così vive, che basta farvi il più lieve accenno perché
i lettori se la vedano tosto balzare innanzi intera, e si rifiutino di più
procedere, ove già abbiano una convinzione bella e formata, che
sospettino non condivisa da chi scrive. La questione è quella trita
certo e vessata dell'insegnamento classico e del moderno: questione
discussa fino alla nausea: ma nella quale ognuno oggi ha da dire la
sua, e la confusione, perciò, cresce sempre di più. Il governo italiano
ha voluto quasi porre i due insegnamenti alla prova del fuoco, con

---

[2] E. DE MARCHI ne *La scuola secondaria italiana, di Milano*, il marzo 1899. Altro sennato
articolo quello di II. W. von BERNHAUER, *Il Liceo moderno*, nella *Bibliot. delle Scuole ital.*, di
Milano, 1 dicembre '98.

questi licei riformati infatti a titolo di esperimento. Ha messo insieme e a fronte le lingue classiche e le moderne; e aspetta, o dovrebbe aspettare, di vedere quale dei due insegnamenti dimostri maggior vitalità; senza curarsi, del resto, di riflettere se un tale esperimento sia possibile. E poiché l'esperimento ridonda a danno della filosofia, mi sia permesso di dir brevemente anche la mia sull'insegnamento delle lingue classiche.

Ho letto molti libri ed articoli di fautori e nemici di questo insegnamento, pedagogisti e insegnanti, periti e profani: ma non ho visto che alcuno si sia accorto di una pregiudiziale che a me pare tutt'altro che trascurabile. Si discute quali lingue studiare nella scuola secondaria: nessuno si domanda che cosa sia una lingua.

È il solito vezzo di chi tratta o bistratta gli argomenti didattici: di non curarsi prima di tutto di definire ciò che vi ha di sostanziale negli argomenti stessi; vezzo che non è forse senza una certa relazione con quel tale dispregio verso la filosofia, che abbiamo più volte lodato nei pedagogisti. Tutti combattono per dimostrare i vantaggi o i danni dello studio della tale o della tal'altra lingua; e nessuno pensa a rifarsi da quel più remoto e fondamentale principio: che cosa bisogna intendere per lingua? qual rapporto passa tra la lingua e lo spirito? – Ma le questioni non si possono risolvere se non si riconducono ai loro primi principii.

Una lingua determinata è la forma dello spirito d'un popolo; la lingua, in genere, è la forma dello spirito. Senza la lingua il pensiero, e tutto ciò che è vita dello spirito umano, è un tal contenuto, che, come semplice e nudo contenuto, rimane una pura astrazione. Ora tutto ciò che nello spirito non è pensiero, non è reale per lo spirito, non è nello spirito e non è spirito: tutto ciò che si rivela allo spirito è pensato. Il sentimento come tale non si avverte, non si percepisce; bisogna che si traduca in caratteri intelligibili, e sia pensato. D'altra parte, pensare si può, in quanto il pensiero ha la sua espressione, la sua forma; e la forma del pensiero è la lingua; dunque, evidentemente la realtà concreta dello spirito, in generale, è nella forma del linguaggio. Provatevi a pensare senza linguaggio; è impossibile. Se pensare e cogliere la differenza nell'identico, pensare non si può senza parlare una lingua; che nella psicologia empirica segna infatti il passaggio dalla rappresentazione particolare al concetto, dal differente all'identico.

Dato tale inscindibile rapporto, come di forma e contenuto, tra spirito e lingua, è evidente che la questione dello studio delle lingue deve rifarsi da un criterio storico. Ecco qui: prima di tutto, voi volete insegnare, in Italia, la lingua italiana; e insegnare questa lingua, – già questo si ammette generalmente, – significa formare lo spirito: con qual forma? Con la forma spettante allo spirito italiano, diversa certo dalla forma spettante allo spirito francese, allo spirito tedesco ecc. Infatti nessuna prosa italiana sarebbe peggiore, non dico di quella che accogliesse le forme etimologiche francesi o tedesche, ma le sintattiche. E nelle forme etimologiche e sintattiche è tutta la individualità di una lingua. La forma spettante allo spirito italiano è la vivente lingua d'Italia appunto pel criterio storico, che mi dice che lo spirito anche in Italia ha avuto una storia dal Duecento a questa parte, e ha camminato; e non può quindi esser rimasta ferma la forma, di cui lo spirito è l'inseparabile contenuto. Ma per la stessa ragione per cui ogni produzione dello spirito è essenzialmente la sua storia; la lingua vivente d'Italia si adegua alla lingua veramente storica d'Italia, dalle origini in poi. Qualche cosa, nel corso del tempo, è andata morendo; ma la parte sostanziale è sopravvissuta; il genio particolare, come si dice, è sempre quello; come nella vita dell'individuo mutano i *mores*, rimane costante incancellabile una propria individualità, un certo temperamento, tutto l'essenziale delle caratteristiche dell'individuo. Quindi è saggio consiglio dare a studiare oltre la «prosa viva», anche la prosa storica, senza il cui fondamento è molto difficile che la prima acquisti e conservi vera e schietta fisonomia d'italianità. Per la stessa ragione, per la quale, oltre il Manzoni, va letto Dino e il Machiavelli e il Galilei, va pur letto Cicerone e Platone, che ci danno la nostra lingua stessa viva in uno stadio più remoto del suo perenne svolgimento. Ben aveva ragione il secolo XVIII di combattere lo studio delle lingue classiche; perché col suo spirito antistorico esso non intese né che fosse una lingua, né, tanto meno, che fosse la storia d'una lingua. Ma combatterlo un'altra volta nel secolo, che ha speso tutta la sua attività a correggere con la storia le teorie astratte del precedente, è un anacronismo: tanto più grave in Italia, dove quel solitario del tempo suo, che fu il Vico, unico in tutto il secolo XVIII, intese non solo il valore della storia in generale, ma intuì meravigliosamente anche la vera teoria del linguaggio.

Formare lo spirito italiano non è impresa da patrioti, o da letterati, da retori, da cruscanti o che so io; anzi la prima e la suprema opera dell'educatore, nel suo programma minimo. Formare italianamente lo spirito italiano in Italia significa né più né meno che formare lo spirito, dargli quella forma senza la quale esso non esiste, né può avere alcuna realtà concreta. Che questa forma abbia da essere la italiana, e non la francese né la tedesca né altra, è una necessità storica, indipendente dall'opera dell'educatore.

Ma formare uno spirito italiano, cioè imprimere nello spirito la forma o la lingua italiana, equivale, per ciò che si è detto, a fare studiare la lingua nella sua realtà storica, e rimontare quindi per lo meno al latino; ma molto meglio, anche al greco, non solo perché le due lingue rampollano da un medesimo ceppo più antico, ma anche per la influenza grandissima della greca sulla latina nel periodo storico. «*C'est une erreur*» – diceva testé egregiamente un insigne filologo[3] – «*c'est une erreur de croire que nos professeurs se proposent d'enseigner le*

---

[3] Cit. dall'amico prof. Luigi Gamberale nelle sue acute osservazioni: *Insegnamento classico o moderno*, Spoleto, 1899, p. 9.

latin et le grec. Il s'agit bien de latin et de grec! La vérité est qu'ils enseignent le français et rien que le français».

Ma perché insegnano il francese e nient'altro che il francese? Per la famosa ginnastica della mente, per avvezzare questa alla proprietà dei termini francesi, alla precisione del linguaggio, alla selezione delle idee, come questo insigne filologo ed altri valenti sostengono, e come io stesso altra volta procurai di dimostrare?[4] O almeno, soltanto principalmente per cotesta ragione?

Questa sarebbe, del resto, una ragione per consigliare lo studio del latino e del greco; ma quante altre ragioni non si adducono pure, e non meno sode, per sconsigliarlo? Vantaggi da una parte e svantaggi dall'altra facilmente si controbilanciano, e non possono perciò formare, né gli uni né gli altri, vere e proprie ragioni.

Ma io dico: il nostro spirito è sostanzialmente lo stesso spirito classico, greco-romano, giunto a un ulteriore grado di svolgimento; e può esser quello che dev'essere, in quanto è lo stesso spirito greco-romano maturato fino al presente grado di svolgimento. E se lo spirito è concreto in quella sua particolar forma, che è la lingua, il nostro spirito, italiano e moderno, acquista la sua forma reale rifacendo in sé quello antico spirito nella reale concretezza che gli è propria, nella sua lingua nativa. Qui non si tratta di essere in un modo o in un altro; in un modo migliore per un verso o per un altro; ma di essere o non essere. Lo spirito moderno c'è, in quanto racchiude in sé lo spirito antico; né lo spirito moderno né quello antico si ritrovano fuori delle rispettive lingue, che ne sono, ripeto, la forma concreta. So bene che non si sarà disposti a menarmi buona questa ragione, che io credo la sola inoppugnabile a sostegno dell'insegnamento delle lingue classiche; e non è questo il luogo opportuno a trattarla ampiamente e confermarla con considerazioni di fatto. Non voglio per altro tralasciare di esprimere

---

[4] Si veda il mio opuscolo: *Educazione classica*, Castelvetrano, Lentini, 1896.

anche qui la mia ferma convinzione, che la pedagogia dev'essere una scienza, e non un'opinione; e che la discussione presente comporta argomenti più o meno plausibili per entrambi le tesi opposte, appunto perché essa si fa al di fuori del campo in cui è possibile una deduzione scientifica, sul terreno degli argomenti (stavo per dire delle chiacchiere) più o meno probabili. Per me, non è dubbio che l'unico principio pedagogico a difesa degli studi classici è quello della storicità del sapere; concetto filosofico, che non è materia opinabile.

Se tutti non convengono della necessità degli studi classici per l'apprendimento sicuro e consapevole, cioè pel vero apprendimento della lingua nazionale, tutti per altro son d'accordo intorno a ciò, che è pur conseguenza delle osservazioni ora fatte sulla natura della lingua: essere cioè possibile accompagnare lo studio della lingua nazionale con quello delle classiche. Ma ciò che tutti non vedono, è appunto l'impossibilità di accompagnarlo con quello delle lingue straniere. Impossibilità reale; ed è da augurare che se ne accorgano quanti aspettano l'esito dell'esperimento che si vien facendo per una graduale riforma dei nostri licei. Essa discende dal concetto stesso di lingua come forma concreta dello spirito; poiché la forma è unica, e non può non esser tale. Pigliate un pezzo d'argilla, e plasmatela come volete; ma non le potrete imprimere mai più che una forma. Se volete farne contemporaneamente un orciuolo e un mattone, non farete né l'una cosa né l'altra. Il voler contemporaneamente conferire due forme a una stessa materia, è uno di quei propositi vani che rompono inevitabilmente nello scoglio (come dire?) della metafisica. Aristotele per primo l'ha detto: la realtà consiste nel singolo, unione necessaria della materia e della forma; vale a dire non v'ha materia senza la sua (quindi unica) forma; né v'ha forma al di fuori della materia. Così avrete dato realtà allo spirito, quando gli avrete dato la forma sua, la forma che gli spetta per la società in cui viene a trovarsi, nella storia in cui attuerà la sua concreta esistenza. Ora tra italiano, latino e greco c'è identità, unità di forma; ma tra l'italiano e le altre lingue moderne c'è differenza, alterità, repugnanza: c'è repugnanza già tra italiano e francese; ma la repugnanza diventa grandissima tra l'italiano e il tedesco. L'italiano e il francese hanno almeno una comunanza d'origine; né sono gravi le differenze, – che pur ci sono, né trascurabili, – lessicali e grammaticali; ma l'italiano e il tedesco sono proprio le forme correlative a due spiriti assolutamente differenti per lessico e per grammatica. E come si può pretendere d'imporre due lingue così ripugnanti, due forme così differenti a uno stesso soggetto che è ancora nel periodo della sua formazione? Poiché si tratta appunto di questo nella scuola media: non si sa ancora la lingua nazionale, non si è ancora sicuri nel maneggio di essa, lo spirito non è ancora in possesso d'una sua forma. E la forma diversa, entrando in contrasto con la precedente già in corso di studio, quale miglior esito può avere di quel che s'avrebbe da chi s'affannasse a foggiare con uno stesso pezzo di ferro due arnesi diversi? Senza dire della ripugnanza che viene ad esserci anche tra il francese e il tedesco; onde si otterrebbe proprio un *bellum omnium contra omnes*, con quel vantaggio di ciascuna lingua che è facile immaginare. E già non c'è bisogno di tirare a indovinare: da qualche anno si fa l'esperimento del francese nel ginnasio, e tutti sanno quanto poco si profitti e nel francese e nell'italiano, se già non s'intende per sapere l'italiano lo scrivere scorretto e impacciato, proprio ormai della nostra scuola liceale, scrivere che dimostra ai ciechi quanto informe sia ancora lo spirito dei nostri giovani; e per sapere il francese, il non esser capace di leggerne esattamente una sola parola.

Le lingue moderne sono incompatibili con l'italiana nel periodo di formazione dello spirito, proprio della scuola media. Bisogna che si compia e assodi, quanto è possibile, la forma italiana, che cioè si formi, si concreti lo spirito, perché questo spirito si provi poi a studiare altre lingue, altre forme; le quali, – s'intende, – non s'ingenereranno più come forme nello spirito già formato; ma vi entreranno come semplice contenuto, non altrimenti di qualunque altra materia di conoscenza.[5]

– Ma la lingua tedesca oggi è indispensabile a chi vuol profittare degli studi universitari. D'accordo. Se non che io ho conosciuto all'università due sole specie di giovani: una di quelli che avevan voglia di profittare, e un'altra di coloro che non avevano altra voglia che di raggiungere la laurea. I primi, accortisi presto da sé o avvertiti sul bel principio dai professori, che è necessaria, per chi voglia far bene, la conoscenza del tedesco, si danno subito a studiarlo da sé o con l'aiuto di qualche insegnante, e dopo pochi mesi sono in grado di leggere in quella lingua gli scritti relativi alla materia, che è oggetto speciale de' loro studi, e poi a poco a poco s'impratichiscono in modo da leggere anche i poeti; e qualcuno si conduce tanto innanzi da affrontare l'esame di abilitazione all'insegnamento della lingua. Gli altri sentono dai compagni e dai professori la stessa canzone della grande utilità del tedesco; ma essi non leggono né i libri francesi né gl'italiani; e sarebbe ben curioso che si invogliassero ad apprendere

[5] [Tutta questa critica dell'insegnamento delle lingue straniere avrebbe ora bisogno di essere rifatta di pianta e corretta nelle sue conclusioni. Non c'è dubbio che ogni lingua è un processo spirituale unico e immoltiplicabile; ma non è da mantenere così rigidamente la distinzione tra lingua e lingua (lingua nazionale e lingua straniera, o lingua straniera e lingua straniera) da considerarle come due lingue diverse, secondo si ammette in questa mia critica giovanile. Questa tesi mi traeva alla conclusione che ogni lingua straniera appresa dopo la nostra non potesse più essere forma, ma soltanto contenuto: distinzione tra forma e contenuto insostenibile. Per intendere la possibilità dell'apprendimento d'una qualunque seconda lingua, bisogna invece concepire questa seconda lingua come una continuazione della prima, con cui, nello sviluppo individuale dello spirito che se ne impossessa, fa, in concreto, un tutto unico. Le lingue infatti, prese per sé ciascuna chiusa nella sua grammatica, nel suo lessico, nella cerchia della vita storica del suo popolo, sono astrazioni. La lingua, a volta a volta, è quella che è in noi che ne veniamo a conoscenza, la studiamo, pur col massimo desiderio di giungere a possederla nella sua genuina obbiettività, e la impariamo più o meno, sempre a modo nostro. In questa soggettività dello sviluppo unico del soggetto che costruisce attraverso i suoi studi di lingua la propria forma attuale più o meno ricca e complessa è l'unità della lingua in cui si fondono le molte lingue che si apprendono. *Nota del 1921*].

ancora un'altra lingua per poter leggere i libri, che non leggerebbero mai! Queste le sole due classi di giovani, in cui si dividono tutti i giovani all'università; non ce n'è che piglino sul serio gli studi e si scorino per quattro o cinque mesi di applicazione alla lingua tedesca, come strumento degli studi stessi.

Perché non si pensa piuttosto quanto sia necessario che i giovani licenziati dalle scuole medie sappiano veramente scrivere la loro lingua; cioè, sappiano veramente pensare? Ancora non siamo arrivati a questo; ed è una necessità ben più urgente che non quella tale infarinatura di modernità, che possono promettere questo francese e questo tedesco, cui si dà facoltà di invadere i licei. L'esperimento non può non riuscire funesto ai licei scelti; ma se dev'essere esperimento, se ne attendano almeno i risultati. Né questi si possono ottenere dopo un anno, e né anche dopo due che s'è fatta la riforma; perché il vero indice del vantaggio o del danno sarà sempre la composizione italiana alla licenza liceale; e a rilevare in essa un progresso o un regresso è necessario, pare a me, almeno un decennio. E se s'aspetterà un decennio, si vedrà, – non ne dubito, – che quei licei messi alla prova ci sconsiglieranno la riforma.[6]

Nella scuola classica bisogna formare la mente: questo il principio da cui è d'uopo sempre partire. Se questo principio non si ammette, distruggiamo la scuola classica, e facciamo le scuole reali, cioè contentiamoci di una formazione mentale inferiore, come ora facciamo nelle scuole tecniche; su cui, del resto, son noti i giudizi di matematici insigni come il Betti, il Brioschi e il Cremona. Ma se il principio si ammette, non sono lecite riforme che, alterando essenzialmente l'indole della scuola classica, rendono impossibile il suo fine proprio, di una formazione superiore della mente per renderla atta alle ricer-

---

[6] [Ormai è passato più che un ventennio; e le mie previsioni sono ora esperienza universale, di cui nessuno più dubita. *Nota del 1921*].

che più alte, nelle scienze naturali, nelle matematiche, e nelle morali. I temperamenti e le mezze misure in questo caso non possono riuscire se non funeste: meglio nessuna scuola media, che una pretesa scuola che sformi lo spirito e distrugga ogni base agli studi superiori e alla solida educazione delle classi dirigenti.

Ma torniamo al nostro argomento. La riforma, che abbiamo criticata, è fatta a spese del greco, delle matematiche e della filosofia. Di quest'ultima specialmente, ma anche delle prime due, ridotte nell'ultimo anno del liceo a corsi complementari facoltativi. Pel greco, *transeat*; bene o male, se n'è discusso, se n'è messo in dubbio l'opportunità: ma la matematica finora tutti sono stati d'accordo a giudicarla materia fondamentale insieme coll'italiano e col latino, nel liceo; e con tutte le ragioni. Perché si condanna a una tale *deminutio capitis*, senza degnarsi neppure di motivar la sentenza? Lasciarla obbligatoria in terzo anno per quelli che vorranno inscriversi alla facoltà di scienze, è lo stesso che proscriverla realmente dal terzo anno della scuola liceale, perché il farne obbligo per la facoltà di scienze converte la matematica da strumento di formazione mentale, in un grado di propedeutica scientifica.

Quella però che esce dalla riforma davvero malconcia, è la filosofia, proprio l'antica *omnium artium regina*, ridotta ad essere appena tollerata nell'istituto, che prende nome dalla scuola di Aristotele! Ma che dico tollerata! La filosofia di fatto per effetto della novissima riforma vien espulsa dal liceo; e però io non mi son proposto la questione dei limiti dell'insegnamento filosofico, ma ho cominciato dalla domanda: perché si deve insegnare la filosofia nella scuola media classica? La filosofia figura nello specchietto delle materie liceali, come le comparse sui palchi scenici, o presso a poco, e già le si minaccia lo sfratto assoluto, come s'è visto. Siamo ben lontani dalla legge del 13 novembre 1859!

Fra non guari questi licei d'esperimento insegneranno ai seguaci della pedagogia positiva, che la filosofia, mentre costringe a far di meno del greco o della matematica, non dà agli esami di licenza nessun risultato, che possa menomamente giustificare la spesa di una cattedra speciale; e diventerà opportuna una sentenza di morte, analoga a quella votata dal Parlamento nel 1872 contro la Facoltà di teologia. I risultati saranno accertati e comprovati, e nessuno potrà trovare a ridire; meno di tutti gl'insegnanti di filosofia, i quali dovranno sinceramente e filosoficamente confessare di non aver potuto cavare nessun costrutto da un insegnamento affrettato della psicologia, della logica e dell'etica in un solo anno, pur con quattro ore settimanali. E così la filosofia, prima costretta a ritirarsi dalla prima classe liceale alla seconda, ora dalla seconda alla terza, finalmente dovrà ancora ritirarsi più su, all'Università, in una Facoltà che d'altra parte sarà deserta, per la semplicissima ragione che oggi la frequentano quasi soltanto gli aspiranti all'insegnamento filosofico nei licei.

E in verità, restringete quanto volete il programma di filosofia; ma se volete insegnare veramente filosofia e non una serie scheletrica di idee senza vita e senza luce, voi non riuscirete a restringere di tanto il programma, che lo possiate svolgere con qualche frutto in un solo anno, innanzi a una classe di giovani venuti su, per tutto il periodo formativo della loro mente, senza essere stati mai stimolati alla riflessione filosofica, e che dalla filosofia non attendono quindi accenni di dottrine, ma analisi penetranti e schiarimenti davvero fondamentali. La filosofia dava già insufficienti risultati coll'orario di sei ore, e distribuita in un periodo triplo di tempo, costretta, com'era già, a contentarsi alle idee più semplici, più elementari, e quindi meno filosofiche: tutti i problemi veri e in psicologia e in logica e in morale non si dovevano né anche accennare per non render nullo lo scarso frutto, che le angustie del tempo lasciavano solo sperare. Ora si dovrà tagliare anche su coteste idee più semplici, più elementari, che, per soprassello, gli alunni non avranno agio di meditare e maturare per conto proprio. Se qualche dubbio o difficoltà, come ne capita sempre, sorgerà qua e là nella mente dei discenti, l'insegnante non potrà soffermarsi mai, – e addio filosofia!

Ma a che sforzarsi di dimostrare ciò di cui tutti son persuasi? Chi crede più che la filosofia sopravviverà nei nostri licei all'esperimento di cui si parla? Meglio, o almeno non altrettanto inutile, ricercare le ragioni pedagogiche, che militano in favore dell'insegnamento filosofico, con la speranza che esse valgano a svegliare almeno gli amici se non a persuadere i nemici. E la ricerca merita di esser fatta già per se stessa.

VI

LA FILOSOFIA NELLA SCUOLA MEDIA

La filosofia nasce con la riflessione, che è come dire con la nascita stessa dello spirito umano. Nel *Dialogo dell'Invenzione* il Manzoni scrive argutamente: «Dacché questa benedetta filosofia è comparsa nel mondo, non è possibile a quella parte degli uomini, che chiamiamo colta, il rimanerne affatto indipendente. V'entra in casa senza essere invitata. Non solo s'accettano a credenza... tante deduzioni di questa o di quella filosofia, che diventano poi norme per la pratica; ma s'accettano (in astrattissimo, s'intende) le filosofie intere. Che, per quanto disprezzo si professi per quelle ragioni ultime buone a nulla, non può essere che i loro oggetti non si presentino alla mente, almeno come curiosità. La cognizione è una cosa di tanto uso, che, anche agli uomini più attaccati al sodo e nemici delle questioni oziose, salta, o una volta o l'altra, il grillo di sapere donde venga, e che fondamento abbia. E siccome le diverse filosofie fanno sempre girare nell'aria delle risposte a queste domande, così se n'afferra o qua o là, ora qua ora là, una che vada a genio. Vi sarà certamente accaduto di sentir qualcuno dire: si diverta chi vuole a perdersi negli spazi immaginari della filosofia: per me non c'è altro di certo, se non quello che si vede e quello che si tocca. È, mi pare, una filosofia che ha il suo riverito nome. Un altro dirà invece: povera filosofia che si condanna a cercare quello che non si può trovare! Il dubbio è la sola scienza dell'uomo. Che non è un'altra filosofia anche questa, e abbastanza conosciu-ta? Un altro dirà all'opposto: l'uomo crede certe cose inevitabilmen-te, irrepugnabilmente: che serve cercarne le ragioni? Il buon senso m'insegna di restringere l'osservazione e il ragionamento alle cose pra-tiche, dove il risultato può essere un sì o un no. E non è anche que-sta un'applicazione d'una filosofia o di due? Un altro dirà ch'è un'im-presa pazza il cercare una ragione nelle cose, quando è chiaro che sono governate da una cieca fatalità. E anche questa, volendogli pur dare un nome, non si può chiamare altro che filosofia, giacché, quantun-que, non sia altro che uno strascico di religioni assurde, religione non lo è più né par che lo possa ridiventare. Si bandisce la filosofia con dei decreti filosofici; si pretende d'esser padroni di sé, perché non si fa professione d'appartenere nominativamente a una scola; e s'è... l'ho a dire?... – poiché siamo qui tra noi... – servitori senza livrea».

Ma se il Manzoni ha piena ragione di vedere dei servitori senza livrea in tutta quella parte degli uomini, che chiamiamo colta, il vero è che servitori senza livrea son pure tutti gli altri che, senza potersi dire uomini colti, son pure uomini, poiché la ragione di cui son dota-ti è di natura sua, come ho detto, riflessione, consapevolezza di sé; e questa riflessione, questa consapevolezza di sé è già filosofia; filosofia in germe, ma filosofia. Il suo grado corrisponde appunto al grado di svolgimento dello spirito.

L'anima dell'animale è una lanterna magica, in cui si succedono, s'inseguono, s'intrecciano, si fissano, o si dileguano le rappresentazio-ni senza posa, continuamente. E l'animale, a guisa d'una macchina, si muove ed opera a seconda degli stimoli che queste rappresentazioni esercitano su' suoi centri di attività. Alle influenze subite ciecamente reagisce fatalmente, ineluttabilmente. Tale rappresentazione, tal sen-timento, tale appetito. Egli sente, percepisce, rappresenta, associa le sue rappresentazioni, ricorda; ma non conosce; perché non può esse-re spettatore della scena che si svolge perennemente nel suo interno.

Vede, ma non s'accorge, non sa di vedere; si muove a una certa vista, perché l'immagine è essa stessa stimolo di un'azione che si direbbe quasi riflessa; ma non si muove perché voglia muoversi, e per coscienza che abbia del suo vedere. E così, in generale, sente, ma non sa di sentire. Per lui non esiste il sapere, che è un rivelarsi di tutti i fatti psicologici elementari del sentire innanzi a uno spettatore, che nel muto e cieco teatro del cervello animale non esiste. L'animale non possiede la riflessione, la facoltà di ripiegarsi su se stesso. Tutte le sue attività, compresa anche la psichica, hanno un oggetto differente ed opposto alle attività stesse. Sente sempre qualcosa di differente dal sentire; il suo principio sensitivo non diventa mai oggetto di un sentire. Nella notte della sua anima non spunta mai l'alba della coscienza che è sentir di sentire. Questa è prerogativa dell'uomo. E perché nello sviluppo psicologico si arresta, come a grado più alto, alla rappresentazione, l'animale non ha linguaggio, non storia, non moralità, non arte, non religione, non Stato: non spirito, insomma. Se sorpassasse tal grado puramente rappresentativo, creerebbe prima di tutto il linguaggio, – anello intermedio tra il rappresentare e il conoscere, – e poi tutte le altre produzioni dello spirito. Acquisterebbe insomma lo spirito, si farebbe animale ragionevole, e sarebbe uomo.

Sta precisamente in questo punto la differenza tra l'animale e l'uomo, il principio di quella creazione perenne, inesauribile, che costituisce la storia: nel sorgere della coscienza, della forma più elementare di riflessione. L'animale divenuto consapevole di sé è l'uomo; che, a differenza dell'animale bruto, può dire e dice: Io.

L'Io non è se non la riflessione dello spirito sopra di se stesso, e però la coscienza di tutto il contenuto rappresentativo dello spirito. Sulla scena muta della psiche animale tutto il mondo esterno si rispecchia mediante le rappresentazioni; e lo spettatore che interviene, innanzi a tale scena, nella psiche umana, si trova innanzi non già a una scena vuota, ma a questo specchio vivente del mondo esterno. Così è che la riflessione non è ripiegamento di un'attività vuota e puramente soggettiva, ma ripiegamento dell'attività su se stessa, qual è, pregna di rappresentazioni; è ripiegamento dell'attività, già oggettiva, su se stessa e su gli oggetti, che la costituiscono oggettiva. Nella nascita di questa riflessione, di questo Io, che segna il principio dell'animale ragionevole, vanno ricercati i primi principii della filosofia.

Che è infatti la filosofia? La caratteristica propria della filosofia fra le scienze è questa: che dove le altre scienze hanno un oggetto distinto dallo spirito, essa ha per oggetto lo stesso spirito, soggetto di tutte le scienze; di guisa che, dove le altre scienze sono il prodotto di un'attività transitiva, la filosofia è il prodotto di un'attività riflessiva. Le altre sono essenzialmente rappresentazione; la filosofia è essenzialmente coscienza, riflessione. Ma la riflessione, come s'è notato, non può esser vuota d'ogni contenuto; perché il grado psichico della riflessione segue al grado della rappresentazione; e bisogna che molte e molte rappresentazioni si succedano, affinché l'attività psichica pervenga alla riflessione, all'Io. Così la filosofia, essendo riflessione dello spirito sopra lo spirito, è pure riflessione dello spirito sopra la realtà, in quanto realtà dello spirito, o realtà conosciuta dallo spirito. E però è riflessione sullo spirito e riflessione sul mondo, in quanto già rappresentato allo spirito; nell'un caso e nell'altro non un sapere primo, ma un sapere secondo; non un sapere le cose, ma un sapere il sapere. Coscienza, insomma, non propriamente scienza.

Ora è possibile che l'uomo si sottragga a questa attività, se essa, sostanzialmente, è la sua natura e la sua prerogativa? Come la scienza è un perfezionamento del primo sapere, del sapere rappresentativo, la filosofia è un perfezionamento del sapere secondo, del sapere consapevole di sé, della riflessione. E se per distruggere un albero è necessario estirparne fin le radici, per liberarsi dalla filosofia, bisogna rinunziare all'umana prerogativa della riflessione, e star contento alla condizione degli animali. Cosa impossibile a chi pur la volesse; e tanti sarebbero contenti di potere! È impossibile, perché l'essere determinato non può non essere quello che è. L'uomo è riflessione, e perciò si distingue dall'animale; e se anche si proponesse di tornare animale, lo potrebbe soltanto per la riflessione, cioè adoperando la propria umanità. Così è che la filosofia s'insinua in tutte le scienze, in tutti i ragionamenti, in tutti i discorsi degli uomini: una filosofia, s'intende, più o meno elaborata, ma pur sempre filosofia. Una filosofia è immanente in ogni religione; e tutti gli uomini in generale, hanno una religione. Ognuno, colto e non colto, si foggia una propria concezione della vita, pessimistica od ottimistica, materialistica o spiritualistica. L'uno dice: la felicità non alberga su questa terra, e tutti siamo nati a soffrire. Un altro sentenzia che la vita è gioia continua, e che il male ce lo creiamo noi, coi nostri errori. Un terzo non sa vedere altro nella vita, che i piaceri materiali, l'utile prossimo, e scrolla le spalle innanzi a tutte le idealità, persuaso che son tutte storie. Un quarto, al contrario, sente l'assoluta vanità di tutti i beni materiali, e aggrega al gregge di Epicuro chi vi corre dietro. Così ogni momento ci occorre di sentire sulle labbra della donnicciuola un proverbio pregno di sapienza popolare, naturale, spontanea: che è una riflessione filosofica. Gli esempi sarebbero inutili: i proverbi sono altrettante degnità filosofiche, del genere di quelle con cui Vico apre la sua *Scienza Nuova*. E quale persona dell'infimo volgo, civile o barbaro, non è pronta, all'occasione, a rammentare il suo bravo proverbio? Il quale, come ogni proposizione filosofica, non è se non il prodotto di una riflessione dello spirito su se stesso, cioè sulla esperienza precedente; come dire, su tutta la serie delle rappresentazioni già avute. Quella stessa riflessione che ci fa dire Io ci fa creare il proverbio e ogni proposizione filosofica; perché il soggetto, tornando su se stesso per dire: Io, è naturalmente posto a fronte non degli oggetti della esperienza, bensì della esperienza stessa già avvenuta: e riflettere sull'esperienza è già filosofare, come abbiamo notato.

Quando già c'era, scrive Aristotele, poco meno che tutto il necessario e l'occorrente al comodo e al ben essere allora si cominciò a filosofare.[1] Infatti, quando gli uomini non hanno ancora il necessario alla vita, sono costretti a vivere come l'animale, guardando sempre al mondo esterno, che offre loro cotesto necessario. La loro vera umanità sorge quando essi, non costretti più dai bisogni e dagl'istinti naturali a guardare fuori di sé, accumulata già una lunga esperienza di vita, possono raccogliersi su questa esperienza e incominciare l'opera della riflessione. Ma finché non possono ripiegarsi su se stessi, e sono travolti e trascinati, senza posa, dal turbine delle cose esteriori, essi non possono dirsi ancora veramente uomini; non hanno ancora linguaggio, non religione, non società; non sono ancora ragionevoli; e si debbono dire sempre animali. L'umanità nasce a un parto col primo nascere della filosofia.

La quale filosofia, nata che sia, percorre vari gradi successivi di svolgimento, nello spirito in generale, se non nello spirito di ciascun singolo individuo. Da riflessione passeggiera, irregolare, saltuaria, occasionale, si fa col procedere del tempo salda, regolare, continua; si fissa nello spirito, si organizza. Da questo punto in poi, per opera di chi specialmente vi dedica la propria attività, cresce sempre, si affina, si perfeziona, passando da un sistema a un altro di concezione generale della vita; lavorando sempre ad accrescere e perfezionare la propria umanità dell'uomo, nato a intendere questo mondo, che, non inteso, si rappresenta pure alla psiche di tutti gl'inferiori animali. Chi si ferma a un dato punto, e chi procede più innanzi; ma più schietta, più vera natura umana ha, per ciò che della filosofia s'è detto, chi procede più innanzi e sale più alto.

La scienza, dico la scienza che si contrappone alla filosofia, in quanto veramente distinta da questa, e prodotto proprio dell'uomo: per-

---

[1] *Metaph.*, A, 2, p. 982 b.

ché la scienza, come lo stesso Aristotele notò nell'*Etica a Nicomaco*, versa sugli universali; e degli universali non è capace se non la mente dell'uomo, che dispone del linguaggio, di quei segni che sono quasi i chiodi, onde si fissano le rappresentazioni per diventare concetti generali.

Ma la scienza, se non si congiunge con la filosofia, che è riflessione sopra di sé, in quanto scienza, è sempre un primo, non un secondo sapere; al più è un sapere rappresentativo di secondo grado; ma sempre sapere rappresentativo, analogo a quello degli animali. Il botanico coglie nel suo concetto la rappresentazione comune a tutte le singole piante di ulivo; ma il fondo, il fulcro del suo concetto, è la rappresentazione che del singolo ulivo si disegna pure nella psiche animale. Quello che il botanico può fare e l'animale no, è la classificazione genetica delle piante, la conoscenza del nesso onde nella natura una specie di piante si collega colle altre, e tutte formano un sistema; ma in ciò lo scienziato finisce di essere puro scienziato, facendo la filosofia della botanica. La scienza, pura scienza, è rappresentazione della realtà allo spirito; rappresentazione, che si può dir sempre immediata, perché esclude la riflessione. E di rappresentazioni immediate consta pure la vita psichica degli animali. Puoi vedere con l'occhio nudo, o con l'occhio armato di microscopio; ma in ogni caso si tratta di uno stesso vedere.

La scienza, per altro, appunto perché specifica creazione dell'uomo, per sforzi che si facciano a fine di mantenerla scienza pura, non si può sottrarre alla filosofia, che è l'atmosfera propria dello spirito umano. Né ci vogliono molte parole a dimostrarlo. La storia di ogni scienza c'insegna che le sue origini sono nella filosofia; dalla quale non s'è staccata, e non s'è tenuta e non si tiene distinta, se non per una critica filosofica. Il vero aristotelico, nel *Dialogo dei Massimi sistemi*, non è Simplicio ma Lionardo Salviati; c se Simplicio combatte la scienza in nome della filosofia aristotelica, il Salviati ha ragione di affermare «che noi aviamo nel nostro secolo accidenti e osservazioni nuove e tali, ch'io non dubito punto che, se Aristotele fosse nell'età nostra, muterebbe opinione; il che manifestamente si raccoglie dal suo stesso modo di filosofare».[2] Le armi adatte a combattere la fisica aristotelica, erano apprestate già da Aristotele. E così ogni scienziato d'oggi, che incomincia ogni anno il corso delle sue lezioni, o dà principio a un suo trattato con una dichiarazione di guerra contro l'apriorismo e un inno all'esperienza, che altro fa se non filosofare? La stessa critica cauta e guardinga e consapevole, che deve guidare il ricercatore nell'accertamento genuino dei fatti, non è sempre una muta filosofia anti-aprioristica? Perché se una filosofia è l'apriorismo, non si vede perché o come taluno s'induca a credere che non sia un'altra filosofia l'aposteriorismo. – Dunque, l'origine e il progresso di ogni scienza, per quanto si voglia tener pura da ogni filosofica labe, è essenzialmente connessa con la filosofia. Ne basta: non solo la pretesa scienza pura ha bisogno di questa filosofia formale, che sia critica scorta della scienza stessa, metodo, e non propriamente contenuto scientifico; ma la filosofia ostinatamente s'infiltra nello stesso contenuto della scienza. Ed ecco in meccanica l'escogitazione delle energie, delle forze latenti, che presuppongono una intuizione dinamica del mondo, e una critica quindi della concezione cartesiana e spinoziana dell'estensione, attributo diverso ed opposto del pensiero, dell'attività. Ecco in fisiologia, - in quella che oggi la pretende più a sperimentale, – spuntare il principio che la funzione crea l'organo, e proclamarsi quindi, – inconsapevolmente o no, non importa, – una concezione teleologica, almeno, della vita organica. Ecco la matematica invitarvi a concepire lo spazio infinito e le quantità infinitesimali, richiamandovi a due delle più profonde intuizioni della filosofia: l'infinità del mondo e il monadismo di Leibniz. Ecco la chimica obbligata a partire dalla con-

_____
[2] Giornata I.

cezione dell'atomo, partecipando di una veduta, se non della moderna, dell'antica atomistica. Ecco tutte quante poi le scienze morali aver d'uopo, per la costituzione stessa del loro oggetto, di presupposti filosofici, che ne dimostrino il fondamento.

Dov'è opera dell'uomo, creazione dello spirito umano, ivi sono più o meno visibili le tracce della filosofia. E se è stato ben detto che l'uomo è un animale politico, io non sarei alieno dal definirlo altrimenti un animale filosofo. Filosofi si è per natura o per arte; nel primo modo tutti; nel secondo modo, chi non vuol esser filosofo, non può trarre d'altronde i motivi del suo non volere, che dalla filosofia stessa. E la filosofia, in generale, non è se non funzione della riflessione, più alta caratteristica dell'uomo.

Fermato questo punto, la questione si riduce a ricercare se per una formazione dello spirito, qual'è quella che si prefigge l'istruzione classica, ci si possa accontentare della filosofia che tutti per natura posseggono, o se occorra invece sviluppare con l'arte questa specie di attitudine innata.

Emmanuele Kant disse che ufficio dell'educazione è trasformare l'animale in uomo, l'*animal rationabile* in *animal rationale*. E tutti gli altri fini preposti dagli altri pedagogisti all'educazione sono tutti compresi in questo principio di Kant; poiché s'intende agevolmente che, a seconda del diverso concetto che ci facciamo dell'*animal rationale*, il principio kantiano in pratica viene variamente determinato. Ma è pure evidente, che quella sola pedagogia si potrà dire scientifica, la quale ricavi il suo fine non da un concetto arbitrario e soggettivo dell'uomo e delle sue note caratteristiche, bensì dal concetto necessario ed universale, oggettivo e veramente scientifico dell'uomo stesso. L'arbitrio, la veduta soggettiva, la opinione secondo la vecchia dottrina di Platone non è ammissibile nella scienza. E dove questo concetto si attinga, il fine è il concetto stesso dell'uomo.

Ciò vuol dire, che l'educazione deve proporsi di attuare nell'educando il concetto dell'uomo. Questo a me pare il primo principio della pedagogia, che pretenda al titolo di scienza. Qualunque altro fine, quantunque saggiamente ragionato, a rigore non può apparire se non un capriccio. Cotesto fine, per usare ancora il linguaggio kantiano, è un fine costitutivo, non regolativo, perché desunto dall'essenza stessa dell'uomo, non estraneo alla sua natura e a lui lampeggiante da lungi come un ideale, che gli serva di faro. Le vere regole, le vere leggi non possono essere se non costitutive, immanenti alla natura del soggetto stesso cui si riferiscono. Altrimenti non hanno fondamento legittimo.

Ma dire che il fine dell'educazione coincide col concetto dell'uomo non è dire ancor nulla di concreto. Quale il concetto dell'uomo? Quale l'uomo a cui l'educazione mira?

Kant disse profondamente: l'*animal rationale*, in quanto si distingue dal *rationabile*: l'animale realmente ragionevole, contrapposto all'animale capace di ragione; l'animale dalla ragione spiegata, compiuta, contrapposto all'animale dalla ragione più o meno involuta e incompleta. Sicché il concetto dell'uomo corrisponde al vero uomo, animale dalla ragione sviluppata, animale che ha sviluppato le attitudini speciali, che fanno di lui un uomo. Questo vero uomo non si riscontra in ciascuno dei bipedi implumi che popolano le cinque parti della terra; non dico di quelli che sono tuttavia da educare, ma dei già educati, degli adulti. Anzi novantanove su cento sono ben lontani dal rappresentare il vero uomo; il quale, in quanto vero, ha una certa tinta d'idealità, di un'efficacia perennemente operosa. Eppure il concetto dell'uomo è quello, né soffre correzioni. L'uomo è un animale ragionevole; nessuno ne dubita. Ma non perciò tutti gli uomini sono ragionevoli, nel pieno significato del termine; e già, se tutti lo fossero, non ci sarebbe bisogno di scrivere la difesa dell'insegnamento filosofico! Diogene sospettò che questo uomo, questo benedetto ragionevole, lo si avesse infine a trovare con l'aiuto d'una buona lanterna; e tentò. Ma non pare vi riuscisse. Chi per un verso, chi per un altro smentisce la definizione dell'uomo; ma resta pur tuttavia invitta la nostra fede in tale definizione; segno, che per la mente umana non la definizione è sbagliata, ma sono sbagliati i singoli individui, che in tanti e vari modi vengono meno alle promesse che le loro sembianze continuamente ci fanno. Sono sbagliati, non che sbaglino; non che siano uomini e non facciano ciò che dovrebbero; non sono uomini.

È vero ad ogni modo, – chi non voglia guardar troppo pel sottile, – che tutti gli uomini sono ragionevoli, in quanto più o meno si distinguono dagli animali bruti, appunto per la caratteristica della ragione. Perciò effettivamente la vecchia definizione è vera. Tutti sono ragionevoli, ma non sono veramente ragionevoli; sono tutti uomini, ma non sono ciascuno il vero uomo. Ora la natura ci dà semplicemente gli uomini; l'educazione ci deve dare i veri uomini; perché l'educazione, essendo opera umana, non può togliere il suo fine se non dal concetto.

Così, nota essenziale della ragione è il linguaggio. La ragione, come quel complesso di fatti spirituali propri dell'uomo, che s'iniziano col ripiegamento dello spirito sopra di sé, e quindi la nascita del vero spirito; questa ragione presuppone il linguaggio. Ora, certo, né anche gli accademici della Crusca si può dire a rigore che posseggano tutta una lingua; ma ciò non importa che accademici e non accademici non posseggano quello strumento necessario del pensiero, che è privilegio dell'uomo. Ufficio dell'educazione è di far acquistare quanto più ricca e precisa sia possibile la cognizione della lingua; appunto perché la lingua è strumento del pensiero; e quanto più e meglio si pensa, tanto più si è uomini.

Così parimenti è da dire di tutte le altre note essenziali della ragione: la quale è, per esempio, moralità; e però l'educazione deve proporsi, come vide Herbart, un fine morale. Anzi, per Herbart, per una di quelle vedute particolari che nuocciono al carattere scientifico della pedagogia, la virtù era lo scopo di tutta l'educazione, la mèta a cui tutti gli studi si dovrebbero indirizzare.

Oggi, al contrario, tutti vanno dietro allo Spencer, che dell'educazione fa scopo unico l'utilità, e a tutti gli studi preferisce quelli scientifici, perché ci «insegnano» come vivere, ossia ci additano l'utile. Il vero è che scopo dell'educazione è tutto l'uomo, qual esso realmente è; col senso dell'utile e col senso morale, colla riflessione filosofica e col senso estetico: con tutto ciò che è essenziale alla sua natura.

E come, essendo pur dato dalla famiglia e dalla società quel linguaggio che è lo strumento del pensiero, non si può concepire una scuola che non perfezioni questo primo acquisto ragguagliandolo al concetto dell'uomo; così non si dovrebbe concepire una scuola che, pretendendo di formar l'uomo, dimenticasse o volesse dimenticare la filosofia.

Perché tanto è essenziale il linguaggio alla mente umana, quanto la riflessione filosofica. L'uomo deve parlare (prima di tutto, seco stesso) per pensare; ma per pensare l'uomo ha pur bisogno di riflettere. E se il linguaggio primo, acquistato in famiglia e in società, senza l'opera speciale dell'educazione, non basta; non si vede perché deva o come possa bastare una prima riflessione, quale dalla natura ci è apprestata, o quale nella vita si può formare, senza una speciale educazione.

Le scienze naturali è bene che nella scuola media vengano studiate, non per quelle cento cognizioni, che possono fornire; ma, come ognuno pensa, per l'abito all'osservazione che aiutano a formare. E certo la ragione non è solo riflettere, ma prima di tutto osservare; e riflettere è, in quanto prima è osservare. Tutti bensì osservano, anche senza studiare le scienze naturali; le quali invece affinano, rendono più precisa e vigorosa questa naturale attitudine.

Così pure le matematiche nell'istruzione media classica non possono entrare pel loro contenuto scientifico, la cui importanza si limiterebbe, tutt'al più, a una propedeutica per gli studi della facoltà di matematica (dove del resto s'incomincia quasi da capo!); ma per l'immenso valore formale, che hanno come esercizio logico astratto. E poiché alla ragione è essenziale cotesto esercizio di ragionamenti astratti (e non solamente alla ragione come puramente teoretica; perché, come è stato bene osservato, la forza del carattere è sorretta dalla vigoria sillogistica del pensiero, che rimena tutti i casi particolari ai principii generali), sarebbe pessimo consiglio proscrivere le matematiche dal ginnasio e dal liceo; né certo è buon consiglio senza gravi motivi ridurne i programmi; essendo vana pretesa quella di aspettarsi dalla mente un sicuro procedere per la via positiva delle scienze segnata dall'osservazione, dall'esperimento e dall'induzione, senza una non meno sicura capacità di procedere per la via dell'argomentazione.[3]

Infine, la mente che pensa esprimendo il pensiero mediante il linguaggio, la mente che osserva costruendo la scienza, la mente che trae le illazioni dalle premesse, la mente insomma che pensa (lingue) sinteticamente (scienze naturali) e analiticamente (matematiche), è essenzialmente la mente che riflette. Perché al di qua della riflessione, ci sarà il puro rappresentare, della psiche animale; ma non c'è il linguaggio, non c'è l'esperimento e la induzione (sintesi), non c'è il raziocinio (analisi): non c'è, in una parola, la ragione. La quale è linguaggio, induzione e deduzione in quanto è riflessione; ed è riflessione o ragione in un dato tempo, cioè in seguito a una data formazione storica, la cui riflessione (coscienza) è la storia.

Ora, se s'intende a questo modo l'ufficio della scuola media classica, che cioè essa debba formare lo spirito per le ricerche più alte del sapere, – a cui è naturale che si dimostrino generalmente imprepara-

---

[3] L'induzione e la deduzione sono come il concavo e il convesso di una circonferenza; la quale non forma il concavo senza formare insieme il convesso: poiché le due formazioni sono sostanzialmente una formazione unica.

ti quanti provengono dalla scuola tecnica, – l'insegnamento della filosofia s'impone di necessità. Lo studio delle lingue senza quello delle scienze sarebbe difettoso; come difettoso sarebbe lo studio delle scienze senza quello delle lingue; ma difettosissimo è quello delle lingue e delle scienze senza quello della filosofia. Perché, ripeto, lo spirito umano è quello spirito che mirano a svolgere e perfezionare le lingue e le scienze, in quanto prima di tutto è ciò che può svolgere e perfezionare la filosofia.

Qui non posso appellarmi se non ai filosofi; e me ne spiace per la sorte della causa che ho preso a difendere; ma non conosco altri giudici. Creda altri, ciò che in Italia si vien predicando da trent'anni in qua, che la pedagogia debba rifarsi dalla esperienza, in omaggio al metodo sperimentale.[4] Io mi permetto di pensare che chi aspetta la soluzione dei problemi pedagogici dagli esperimenti e dalle inchieste (che sull'esempio dell'Inghilterra, culla dello sperimentalismo, si vengono oggi in Francia pubblicando in molti e grossi e grandi volumi),[5] somigli a quel tale che era sull'asino e l'andava cercando. Contro l'insegnamento della filosofia si è addotto spesso in Italia l'esempio delle altre nazioni; ma, pur riserbandoci a saggiare più innanzi la forza di questo argomento, qui vogliamo notare che l'esperimento non può dir nulla dove non si tratta di un oggetto di scienza, ma dello stesso soggetto. E che volete sperimentare? Lo spirito? Ma prima bisogna

---

[4] Son noti in Italia gli scritti del Gabelli e del Villari; il quale sin dal 1868 enunciava i criteri di una pedagogia sperimentale; né si può dire che mai ne abbia trattata altra. Vedi i *Nuovi scritti pedagogici*, Firenze, Sansoni, pp. 311 sgg. Per altro il Gabelli, che nel 1869 espose gli stessi criteri nel suo libro *L'uomo e le scienze morali* (rist. nel 1871 a Firenze, dal Lemonnier), ripigliava allora idee già pubblicate nel suo primo lavoro di pedagogia che è del 1866. Vedi MASI, *A. Gabelli* nella *N. Antologia* del 16 ottobre 1861, p. 606 e l'art. *A. G.* nel *Dizionario di pedagogia* dei professori Martinazzoli e Credaro, vol. II. Il Gabelli però, consapevolmente o inconsapevolmente, scrisse parecchio anche di pedagogia non sperimentale.

[5] Vedi più avanti, il cap. IX.

conoscerlo; e con la conoscenza dello spirito l'esperienza, nel senso in cui i sostenitori della pedagogia sperimentale l'intendono, non ha nulla che vedere. E può darsi che, come quel tale che era a cavallo dell'asino, se prima di tutto avesse guardato sotto di sé, non avrebbe cercato più altro; così lo spirito, se si risolvesse una buona volta a guardare dentro di sé, non solo vi scorgerebbe il necessario e sufficiente alla soluzione de' suoi problemi pedagogici, ma tutto ciò che a una tale soluzione può conferire. E in verità se il problema generale della pedagogia è quello, per servirmi d'una frase felice dello stesso Aristide Gabelli, di formare le teste, queste teste a cui si deve mirare, non si possono per certo conoscere senza guardar dentro alla testa. Che volete sperimentare? O la filosofia c'è nello spirito, o non c'è; se c'è, e voi la trascurate, voi non formate lo spirito. Ora a dimostrarvi che la c'è e intrinsecamente connessa, nell'unità dell'organismo mentale, con tutte le altre produzioni dello spirito, io non posso citarvi fatti; ma invitarvi all'analisi dello spirito, ad accedere, cioè, alla filosofia. I fatti possono essere la conferma; ma è così difficile osservarli schiettamente, questi fatti, e intenderli!

Dunque, appelliamoci ai filosofi. Lo spirito è o non è essenzialmente riflessione, in quanto linguaggio, in quanto analisi, in quanto sintesi? Linguaggio, analisi, sintesi, per diversi rispetti, importano pensiero. Col solo rappresentare non abbiamo ancora il pensiero, ma non abbiamo neppure linguaggio! analisi e sintesi. Il pensiero vuole prima di tutto la coscienza, ossia la formazione di un'attività che si ripieghi sulle rappresentazioni, e le affermi. In quest'affermazione sorge il linguaggio, e insieme il conoscere, immediato prodotto del pensare. L'analisi e la sintesi poi è chiaro che presuppongono necessariamente l'oggetto dell'analisi e della sintesi: l'affermazione di un oggetto; affermazione che, come s'è detto, ha per principio la coscienza. La coscienza, dunque, è a capo di tutto. Pensate quanto volete e come volete; il principio della vostra attività sarà sempre la coscienza: lo *scire* presuppone sempre, ed ha per proprio fondamento immancabile il *conscire*. Avanti al *conscire* c'è quello *scire*, che non è propriamente *scire*, ma rappresentare, rispecchiare: c'è l'animalità muta, senza sintesi né analisi, senza scienze, né matematiche né naturali.

Ma come le rappresentazioni non sono da noi conosciute (affermate) senza la coscienza di primo grado, così il nostro sapere, questa specie di rappresentazione di secondo grado, non e da noi realmente posseduto senza una coscienza di secondo grado, che è la filosofia. E come le rappresentazioni, non ancor rivelate dalla coscienza alla coscienza stessa, sono nello spirito come se non fossero, cioè non hanno ancora acquistato il loro proprio valore; così il sapere puramente scientifico, se non è rivelato dalla coscienza di secondo grado alla coscienza stessa, non ha ancora acquistato né anche esso il suo proprio valore: è come se non fosse. – Ho distinto solo il sapere scientifico dal sapere primo, dalla prima rivelazione delle rappresentazioni; ma, si sa, tra questo primo sapere e il sapere scientifico si può ancora distinguere il sapere comune con tutte le sue infinite gradazioni. E a ciascun grado del sapere naturalmente dee corrispondere un grado relativo di coscienza. Ma se una scala culmina nella scienza, l'altra culmina nella filosofia; l'una è la scala, nei cui primi gradini è l'animale bruto; l'altra spetta tutta quanta, dall'infimo gradino al supremo, all'uomo, all'animale razionale.

Questo ci dice la natura e la costituzione di quello spirito, che tutti convengono doversi formare dall'educazione tipica dell'uomo in vista del suo concetto, qual è l'educazione della scuola classica. Lo spirito è uno, e se si vuol coltivarlo in modo conforme alla sua natura, lo si deve coltivare in tutte le sue parti, tutte così organicamente connesse.

Ma, (qualcuno ha detto), se la filosofia è la coscienza del sapere primo, della scienza, agli alunni del liceo manca la stessa materia prima per lo studio della filosofia: manca la somma dello scibile. Questa oggi è una delle obbiezioni più forti che si muovono all'insegnamento della filosofia nella scuola media,[6] per l'esagerazione e il non retto intendimento del concetto anche da noi sostenuto, che la filosofia è la superiore forma spirituale del contenuto apprestato allo spirito dalle scienze particolari. Per cui tutti o quasi oggi sostengono che la filosofia senza la scienza per suo contenuto, è una pura vuotaggine. Ora io credo che qui occorra fare due osservazioni.

Prima osservazione. Cotesto concetto della filosofia si riferisce all'ultimo e definitivo grado della filosofia, che è la metafisica. Perché quella riflessione dello spirito sopra di sé, onde abbiamo definito il concetto della filosofia, ha sì per oggetto gli oggetti dello spirito, già conosciuti per mezzo delle scienze; ma ha anche lo spirito, dentro di cui e per cui ha gli oggetti; ed ha, infine, altresì la relazione dello spirito cogli oggetti. Quindi tre parti della filosofia: 1) conoscenza dello spirito; 2) conoscenza degli oggetti, in quanto termini dello spirito; 3) conoscenza del nesso tra lo spirito e gli oggetti. Quali di queste conoscenze pedagogicamente precede, e quale segue?

Secondo il principio metodico rosminiano da noi accettato, deve precedere quella che non ha bisogno delle altre per essere appresa. Or questa è certamente la conoscenza dello spirito; perché è il nesso tra lo spirito e l'essere, e l'essere stesso termine dello spirito manifestamente presuppongono entrambi lo spirito. Poi, dato che l'essere oggetto della filosofia non è l'essere della scienza, ancor da conoscere, ma l'essere, come si è detto, già termine dello spirito, di esso non si potrà acquistare la conoscenza senza conoscere prima in che modo sia divenuto termine dello spirito, qualunque in sé esso sia: perché esso non è l'essere in sé, ma l'essere correlativo allo spirito; e senza questa correlazione non è quello che ha da essere, come oggetto di

---

[6] Obbiezione trionfale contro, p. es., il libro di A. ANGIULLI, *La filosofia e la scuola*, Napoli, Anfossi, 1888; in cui si vuol dimostrare che l'insegnamento filosofico è necessario nel liceo per raccogliere in una sintesi organica, nella "concezione di una legge cosmica" la sparsa e varia istruzione scientifica.

questa parte della filosofia. Di guisa che la conoscenza del rapporto tra lo spirito e l'essere è necessaria per la stessa costituzione, o posizione dell'oggetto proprio della conoscenza (filosofia dell'essere). Perciò le tre parti della filosofia pedagogicamente si succedono in questo ordine: *a*) filosofia dello spirito; *b*) filosofia del rapporto tra spirito e essere; *c*) filosofia dell'essere. Le due ultime parti sono evidentemente la dottrina della conoscenza o gnoseologia, e la metafisica. La prima, la filosofia dello spirito, è stata con metodo e in modo organico trattata da G. Hegel in un libro che s'intitola appunto *Philosophie des Geistes*. Hegel distingue spirito subbiettivo, spirito obbiettivo e spirito assoluto; il primo dei quali dà luogo all'antropologia, alla fenomenologia dello spirito e alla psicologia; il secondo al diritto, alla morale e allo Stato; il terzo all'arte, alla religione e alla filosofia.

Ora tutto questo ben di Dio prescinde dalla somma dello scibile; per la semplice ragione che lo scibile si riferisce all'essere, e queste parti, che abbiamo ricordate, si riferiscono invece allo spirito; che è pure un oggetto, anzi il primo oggetto dello spirito che si ripieghi sopra di sé. Nel disegno hegeliano della filosofia dello spirito non si riscontra la logica, perché la logica di Hegel non è più una semplice funzione dello spirito, ma la metafisica stessa; né per lui aveva alcun valore la logica aristotelica e formale. Ma, dato che un valore questa logica aristotelica abbia, essa sarà parte della filosofia dello spirito; e prescinde anch'essa da qualsiasi contenuto scientifico. Della psicologia poi e dell'etica, secondo il senso ordinario attribuito a queste scienze dai nostri programmi liceali e da chi ne ha sempre propugnato l'insegnamento nel liceo, la prima corrisponde alla filosofia dello spirito subbiettivo e l'altra alla filosofia dello spirito obbiettivo. Quanto allo spirito assoluto, programmi e insegnanti si son dovuti sempre accontentare di cenni, per la scarsa cognizione che le nostre scuole danno d'arte e di religione (grave lacuna, di cui si cominciano a lamentare le tristi conseguenze!); e quanto alla filosofia, di riflessioni episodiche, ogni volta che se ne presenti l'opportunità. Giacché tutto l'insegnamento liceale della filosofia si attiene a questa parte della scienza, la quale, mentre è la propedeutica alle altre due parti, dottrina della conoscenza e metafisica, non ha bisogno di quella somma dello scibile, di cui si addita il difetto. Si aggira tutto dentro alla cerchia dello spirito, del primo oggetto della riflessione che produce l'Io. Che cosa è questo Io, centro di tutta la vita intellettiva? La filosofia, che va insegnata nel liceo, risponde a tale domanda, e non ha che vedere colle scienze. La psicologia considera lo spirito in formazione; la logica e l'etica, lo spirito già formato nelle due forme di spirito teorico e di spirito pratico.

Seconda osservazione. Questa conoscenza dello spirito, se è propedeutica alle parti superiori della filosofia, è la coscienza del grado di sapere, o del grado dello spirito dei giovani nella scuola secondaria; i quali per l'educazione e la cultura già ricevuta sono pervenuti in faccia allo spirito, e in faccia così allo spirito teorico come allo spirito pratico. Hanno studiato e continuano tuttavia a studiare le lingue, rivelazione dello spirito in tutti i gradi della sua formazione: come senso, come rappresentazione, come intelletto, come sentimento, come fantasia, come memoria, come appetito, come desiderio, come volere. Il pensiero per mezzo del linguaggio pensa, e nel pensare esprime a sé o agli altri ogni grado della umana psicologia. La lingua stessa ha posto innanzi agli alunni del liceo l'anima umana; l'oggetto onde la psicologia può dar loro la coscienza. Hanno cominciato a studiare, e continuano tuttavia a studiare, le matematiche e le scienze naturali, procedendo per analisi e per sintesi, secondo il metodo deduttivo e l'induttivo. La logica non è se non la coscienza di tali procedimenti; e quindi il coronamento, com'è facile intendere, di quello sviluppo mentale a cui le continue analisi e sintesi possono conferire. Infine, la vita sociale, cui certamente non si saranno per intero sottratti, chiudendosi nella scuola, e in parte la vita stessa di quella piccola società che è la scuola, ma soprattutto la storia politica e civile, che hanno cominciato e continuano sempre a studiare, li pongono a fronte dello spirito come attività pratica, creatrice della morale, del diritto, dello Stato: e l'etica non è se non la coscienza dello spirito come tale. Sicché la obbiezione che alla filosofia nel liceo manchi il contenuto, non regge punto.

E io ripeto: togliete dal liceo la psicologia, la logica e l'etica, e avrete formato uno spirito, che tutto sarà, tranne che spirito. Perché se lo spirito è essenzialmente riflessione, coscienza, ove questa riflessione e coscienza manchi, mancherà lo spirito stesso. Certo, ci sarà sempre la riflessione o la filosofia volgare; ma la filosofia volgare completa lo spirito volgare; e questo spirito non ha bisogno di 5 anni di ginnasio e 3 di liceo per formarsi! La scuola classica vuole formare l'uomo, quel tale essere ragionevole; ma se la ragione è essenzialmente riflessione, come credo di aver dimostrato, proscrivendo ogni parte della filosofia dal liceo, non si raggiungerà per certo lo scopo di formare l'uomo. Si formerà il corpo dell'uomo; ma a questo corpo mancherà la testa, il centro della vita.

Vorrei sperare pel bene delle nostre scuole, che queste ragioni fossero seriamente, spregiudicatamente meditate da quanti hanno a cuore l'istruzione della nostra gioventù. Anche noi *et refellere sine pertinacia et refelli sine iracundia parati sumus*, sebbene non crediamo come Tullio di proseguire *probabilia* e di non poterci spingere *ultra quam id, quod veri simile occurrit.*[7]

Dalla scuola classica i giovani passeranno all'università, non più ad esercitare lo spirito per formarlo, ma a servirsi dello spirito già formato, ne' vari ordini di ricerche scientifiche. Quivi il problema dell'insegnamento filosofico si trasforma; né questo è il luogo di occuparsene. Voglio accennare soltanto che anche per lo studio della filosofia s'im-

[7] *Tuscul.*, II, 2, 5.

pone la necessità della divisione del lavoro, della cosiddetta specializzazione: e che in pratica quindi con tale necessità è forza pur conciliare l'ideale della filosofia, coscienza di tutte le scienze. Qui occorre piuttosto accennare al rapporto della filosofia, appresa nel liceo, coi vari ordini di ricerche scientifiche propri dell'università.

Il rapporto si potrebbe in poche parole determinare così: lo spirito atto a muoversi in qualunque specie di ricerca scientifica è lo spirito formato dalla scuola classica; ed elemento essenziale di questa formazione è l'insegnamento filosofico. Il quale pertanto è da ritenere uno dei mezzi indispensabili alla costituzione dello spirito, che si richiede per ogni alta ricerca scientifica. Ma è opportuno entrare anche in qualche particolare.

La prima conoscenza umana è la percezione, cioè la rappresentazione che si rivela; e si rivela all'Io. Dunque, la prima, più elementare riflessione è la condizione della prima conoscenza umana relativa all'oggetto. Per la stessa ragione, condizione dell'ultima conoscenza relativa all'oggetto, cioè della scienza, è una riflessione; non (s'intende) la prima e la più elementare, poiché non si tratta della prima, ma dell'ultima conoscenza dell'essere, oggetto dello spirito. La prima riflessione a che serviva, in quanto condizione della percezione? Alla posizione e costituzione dell'Io, del soggetto della percezione. Finché non c'è questo soggetto che percepisce, finché non s'è detto: Io, la percezione è impossibile, mancando il principio dell'azione, in cui la percezione consiste.

Ora l'Io che ha la prima percezione, non è l'Io che fa la scienza: quest'Io è la stessa attività, ma immensamente arricchita per quella forma di sviluppo che Aristotele diceva accrescimento sopra di se stesso. Lo spirito nasce con l'Io, con la prima riflessione; ma nato, come tutte le cose dell'universo, cresce e concresce; cresce in quanto il numero delle percezioni aumenta sempre, e concresce in quanto con le percezioni cresce esso stesso, lo spirito, in cui le percezioni avvengono. Lo spirito cresce, ma cresce sempre come riflessione; perché la riflessione è la sua natura. Ora se lo spirito si accinge alla ricerca scientifica senza aver fatto sopra di sé quella riflessione, che è la filosofia dello spirito, che avviene? Che lo spirito è rimasto piccino, mentre vuol farla da grande; e somiglia a quei fatui fanciulloni, che affettano serietà e gravità, quando non hanno ancora una ruga, e desiderano, sto per dire, la canizie, e gioirebbero al primo capello bianco che altri gli scoprisse nella folta chioma. Quella tale maturità, che si richiede alla licenza del liceo, ha per sua nota essenziale, anzi per differenza specifica, la filosofia dello spirito; senza di cui la maturità non sarà se non quel corpo, che ho detto, mutilato del capo.

Ma in che modo è da intendere che l'Io, principio della ricerca scientifica, è l'Io cosciente di sé, come psicologia, come logica, come etica e qualche altra cosa, che, volere o non volere, l'insegnamento filosofico, anche nel liceo, deve almeno accennare? Nel modo più semplice e più ovvio: l'uovo di Colombo! Qual è il principio attivo della ricerca scientifica? Nessuno, credo, conoscerà un principio diverso dallo spirito umano; dico lo spirito, in quanto si tratta di ogni singola ricerca scientifica, dei singoli individui, lo spirito concreto. La scienza non si fa mica colle mani né coi piedi, sebbene quelle bisognino tanto al fisico e al chimico e all'anatomico, e questi al botanico: ma si fa con la mente. E lo sanno quanti sono a corto di cervello, e devono far tanti sforzi per capirci qualche cosa. – Dunque ci vuole la mente per fare la scienza. E se la mente è mente, in quanto riflette su di sé e sul proprio contenuto, per far la scienza ci vuole questa mente che riflette così. La mente istruita nella scuola media classica, è la mente come psicologia (lingue e letteratura), come logica (scienze), come etica (società e storia); dunque, quella mente che, secondo gli ordinamenti scolastici consacrati da lunghe esperienze e discussioni, deve, uscendo dalla scuola classica, applicarsi alle ricerche scientifiche, è la mente che riflette sulla propria psicologia, sulla propria logica, sulla propria etica. Qualunque sia la ricerca cui voglia applicarsi, essa è il punto di partenza e la condizione *sine qua non*; ma, sviluppata questa mente (e giustamente pensate la si debba sviluppare a fine di renderla atta alle ricerche scientifiche) per i gradi e le forme della psicologia, della logica e dell'etica, dovete pur lasciare che essa rifletta su questo suo sviluppo, perché attui in sé realmente lo sviluppo stesso, suggellandolo con quella coscienza, che dà vita alla mente.

Questa è tutta la risposta che si può dare. Guai se si comincia a chiedere la relazione tra la psicologia, la logica, la morale, come quei dati contenuti di scienza che esse ci offrono, col contenuto scientifico, che ogni singola ricerca, nell'università, si propone di ritrovare! Guai, dico, perché a una tale disamina queste materie filosofiche si dimostrano inutili per tutte le facoltà che non siano quella di filosofia e lettere; ma non solo il greco, sì anche il latino e l'italiano si dimostrano parimenti inutili nella stessa misura (son tanti gli scienziati che sgrammaticano volendo scrivere in italiano, e sono scienziati!); le matematiche se ne vanno anch'esse, non fosse altro perché il giurista, il medico, il letterato le dimenticano; e lo stesso dicasi delle scienze naturali; lo stesso della storia. Ma io dico che chi comincia a chiedere: che serve il greco all'avvocato? che serve la matematica al letterato? – non ha capito nulla della ragione e del fine della scuola media, confondendola affatto con la universitaria. E pur troppo si è condannati a sentirsi ogni giorno nelle orecchie tali domande, che, ascoltate col rispetto che è dovuto a molti che le fanno, persone assai autorevoli, se non in filosofia e in pedagogia, in altri campi di studio, vengono sempre più scalzando nell'animo dell'universale ogni fede nella scuola classica.

La tesi della scuola molteplice sostenuta contro la presente scuola classica unica, è fondata in questo falso concetto dell'istruzione media. Si dice: chi non ha inclinazione per le scienze, studierà meglio le lettere, studiando queste sole; e viceversa. Ma appunto dove la inclinazione manca è più necessaria l'azione della scuola. Che vuol dire che uno ha inclinazione per le sole lettere? Che non ha sviluppata né la facoltà dell'analisi (per cui si compiacerebbe delle matematiche), né quella della sintesi (per cui si compiacerebbe delle scienze naturali). E voi volete suggellare con la vostra scuola molteplice un tal difetto, provenga esso da natura o dalla prima educazione? La scuola media deve formare lo spirito; ma lo spirito non è una parte dello spirito; e già una parte dello spirito, come la parte d'ogni tutto organico, è quella che è nello spirito intero. Facendo studiare le lettere senza le scienze e la filosofia, o le scienze sole, o le scienze con la filosofia senza il resto, e insomma trascurando una parte o l'altra dello spirito, voi finite di spegnere questo spirito, che già vi si presenta come un organismo malato.

Bisogna partire sempre dal principio che scopo della scuola media non è già quello di fornire lo spirito di conoscenze, ma di formare esso lo spirito; che il suo ufficio è formativo, non informativo.[8] Ammesso questo principio, chi ci ha seguito attentamente fin qui, non può non esser convinto dell'intima attinenza dell'insegnamento liceale di filosofia con ogni maniera di studi scientifici superiori.

Ma qui bisogna chiarire un punto, che può esser causa di equivoci. Lo stesso Masci che sostiene questo ufficio formativo e non informativo della scuola media, pensa che, appunto perciò «il posto principale nell'insegnamento filosofico che si dà in essa debba essere attribuito alla logica, purché si riesca a presentarla come una vera analisi dei procedimenti del pensiero, e si mostri come essi siano lo scheletro

---

[8] Vedi la nota accademica: *Dell'insegnamento scientifico nella scuola secondaria* di FILIPPO MASCI nei *Rendic. dell'Acc. delle scienze morali e politiche* di Napoli, 1891. Son d'accordo anche coll'autore per ciò che sostiene nell'altra memoria ivi pubbl.: *Sull'unità o duplicità della scuola secondaria*: dovere cioè questa scuola, che serve di preparazione agli studi superiori, essere unica, e sempre di tipo letterario, classico. È pure la tesi del prof. FORNELLI, *La pedagogia e l'insegnamento classico*, Milano, Vallardi, 1889.

solido della conoscenza e della scienza.... La psicologia e l'etica hanno, nella scuola secondaria, più funzione informativa che formativa; ma errerebbe chi credesse che la prima manchi, o sia di poca importanza».[9]

Non credo possa accettarsi una tale distinzione, a favore della logica. Per me, il valore didattico della logica, come si disse più sopra, non consiste in quella formazione a cui accenna il Masci, quasi la logica-scienza fosse l'arte di ragionare. Secondo il Masci, quando alla logica s'accompagna l'esercizio, lo studio di essa diventa veramente efficace, e riesce non solo a fissare nella memoria la teoria logica, ma anche, «che è più, a creare la disciplina logica dell'intelletto». E questo è pure il pensiero di tutti i sostenitori dell'insegnamento filosofico liceale, e di quasi tutti i trattatisti di logica.

Se non che io domando: se volete insegnare il nuoto, qual è il miglior metodo che possiate seguire? Quello di intrattenere il vostro allievo in lezioni teoriche? O quell'altro di cacciarlo fin dai primi giorni nell'acqua? Tutte le arti non si sviluppano in virtù di teorie, ma mediante esercizi. Le scienze procedono per teorie. Ora la disciplina dell'intelletto, se si aspetta dagli esercizi, la si deve affidare alle scienze matematiche da una parte e alle naturali dall'altra, che sono appunto un continuo esercizio di procedimento logico, deduttivo e induttivo. Il Masci e tutti gli altri che attribuiscono all'insegnamento della logica questo ufficio di disciplinare l'intelletto, dicono che lo studio della teoria riesce efficace quando si accoppia cogli esercizi. Ma gli esercizi, che il Masci vuole desunti dalle scienze, non ci sono sempre negli insegnamenti stessi delle scienze? Che fa il professore di matematiche, se non esercizi continui di metodo deduttivo? E che fanno i professori di scienze naturali, di fisica e chimica, se non anch'essi continui esercizi d'osservazione sperimentale e di metodo

---

[9] *Logica*, pp. 7-8.

induttivo? Non questi esercizi mancano nella nostra scuola, quando manca la logica; che anzi, secondo taluno, ve n'ha troppi. Ciò che manca è la coscienza di questa disciplina dell'intelletto, che gli esercizi creano; e questa coscienza deve dare la logica, mediante il suo lavorio riflessivo sui procedimenti del pensiero. La logica presuppone la disciplina dell'intelletto; né vale a crearla, dove non ci sia. Mancherebbe a chi ne fosse sfornito, lo stesso oggetto, che la logica si propone di analizzare; perché, se questo oggetto non è nella mente di chi deve costruire o ricostruire la teoria logica, non è per certo altrove, né in cielo né in terra. A cotesta formazione, che è disciplina logica del pensiero, meglio possono conferire le scienze, le quali efficacemente s'insegnano, in quanto esercitano di continuo lo spirito con quelle specie di operazioni, che la logica non può addurre se non come esempi. Ma la formazione intellettuale che dipende unicamente dalla logica e che le scienze non possono dare in nessun modo, è la coscienza di tutte le operazioni concrete dello spirito, in quanto pensiero comune e in quanto pensiero scientifico; quella riflessione dello spirito, che è pensiero logico, e che compie e suggella lo spirito stesso, che la scuola si propone di formare.

Determinata così l'utilità dell'insegnamento filosofico, rispetto alla logica, essa non apparisce punto minore rispetto alla psicologia né rispetto all'etica; dal momento che quello stesso spirito che è pensiero logico, è anche il soggetto di tutti i fatti psicologici ed etici, che si rispecchiano non solo nella vita, ma negli stessi insegnamenti della scuola media.

Infine, si può chiedere, che danno deriva dal trascurare o tralasciare affatto questi studi di psicologia, di logica e di etica, poiché esse non fruttano altro che la coscienza di ciò che nello spirito umano già ci dev'essere? Non basta che uno sappia ragionare e sia moralmente buono, rifletta egli o no su queste sue qualità? Importa l'essere; non il saper di essere.

Il guaio è che quando si è, e non si sa di essere, non si è veramente. Non sono io, non è la filosofia che dice: badate, lo spirito umano è compiuto, quando ha la coscienza di sé, dell'esser suo. Questa è la natura stessa dello spirito umano. Voi siete padronissimi di non indirizzare questa riflessione: ma lo spirito umano, appunto perché essenzialmente riflessione, riflette da sé, per quella via per cui il caso lo mette: riflette da sé, e non riuscirà né alla filosofia di Aristotele, né a quella di Kant; ma a una filosofia riesce. La quale filosofia, come s'è visto, diventa, quindi innanzi, il suo nuovo Io, il principio della sua attività; e se è una filosofia sbagliata, che non giustifica, non sapendone additare nessun ragionevole fondamento, quella virtù, che era sbocciata naturalmente, come fiore inconscio di se, nel cuore dell'uomo, una volta trasformatosi l'Io – il centro dell'attività che è teorica e pratica insieme, – quella virtù appassisce presto e si dissecca. Ho detto che la filosofia è il suggello dello spirito; ma tale suggello, che può con la sua mirabile potenza cangiar il carattere di ciò che suggella; perché questo suggello dà il carattere all'attività stessa produttiva di ciò che vien suggellato. Si sa, la vera virtù non è l'innocenza del pargolo, ignaro del male; bensì quella dell'adulto, che trionfa di tutti gli allettamenti del vizio. La virtù di Adamo ed Eva nell'Eden, onde si contentava il signore Iddio, cadde appena raccolto il primo pomo dell'albero della scienza. Ecco il danno più grave per l'etica, che tocca gli interessi più alti e più nobili dell'uomo.

Ma il danno è simile per la psicologia e per la logica: basta addurre qualche esempio. Ho detto che la psicologia serve a farci conoscere i fatti psicologici, che le lingue, espressione di tutta la psicologia umana, ci mettono innanzi. Le nostre parole servono ad esprimere quel che si sente, quel che si pensa, quel che si desidera, quel che si teme, quel che si spera, quel che si vuole, quel che s'immagina, quel che si ricorda. Questo sanno tutti che posseggano una lingua. Ma quello che tutti non sanno è che cosa sia senso, sentimento, pensiero, ogni fatto dello spirito; e quale sia la relazione intrinseca di esso con la espressione che se ne fa per mezzo della lingua; perche tutto ciò è oggetto della scienza speciale, che si dice psicologia. Che se non si conosce precisamente questa scienza, non per questo si fa a meno d'ogni riflessione sopra i fatti dello spirito e la loro relazione con la lingua; sempre per quella semplicissima ragione, che spirito umano vuol dire prima di tutto riflessione. E i letterati toccano il cielo col dito quando possono fondare la critica dell'espressione letteraria (lingua) sull'analisi (come dire?) psicologica. La quale analisi si potrebbe dire, a rigore, psicologica, se essi non hanno mai studiata psicologia? È insomma una certa analisi da scapigliati; la quale mena a conseguenze che sono state il vero cancro della prosa italiana, per più secoli. Si è creduto, riflettendo sulla psicologia manifestata dal linguaggio, che la lingua, l'espressione letteraria, non foss'altro che la veste del pensiero, dei fatti dello spirito in generale. E come la veste tanto più si giudica bella quanto più ornata, si escogitò la teoria dello stile ornato, dello scrivere in gala; uno degli effetti più curiosi della nostra ignoranza di psicologia. Ora i nuovi retori si argomentano di correggere tale teoria, dal Manzoni in poi, accettandone però il principio, che la lingua sia la veste del pensiero; e sostenendo che non è più bella la veste più ornata, ma quella più semplice; asserzione gratuita, e smentita già quotidianamente dalla moda. La verità, che la psicologia c'insegna, è che il linguaggio nasce quando dalla rappresentazione, che non è conoscenza, lo spirito passa al concetto universale, donde s'inizia il processo conoscitivo, il pensiero propriamente detto; per modo che si può pensare in quanto nasce nello spirito l'espressione linguistica. Il pensiero si concreta per la lingua e nella lingua; sicché l'espressione non è la veste di quel corpo che è il pensiero, ma l'organismo stesso del pensiero, senza di cui il pensiero è vana astrazione. Ora, se tale è il rapporto tra lingua e pensiero (dico pensiero, in che devono tradursi i fatti psicologici per essere espressi), la teoria dello stile ornato è sbagliata per una ragione psicologica. Infatti, se l'espressione vera del pensiero nasce a un parto col pensiero stesso, e non c'è pensiero prima, cui dopo convenga applicare un'espressione, è chiaro che la più giusta, la più appropriata, la vera e quindi la bella espressione non potrà essere altra che la naturale: quella in cui il pensiero si nasce.

La giustificazione poi del fatto morale dipende intimamente dalle conoscenze psicologiche nei problemi relativi al volere. E abbiamo visto il grave rischio a cui è esposto anche chi sia stato educato ottimamente rispetto alla morale, per gli effetti della naturale riflessione sulla propria moralità.

E che dire della logica? Io posso certamente, senza saper punto di logica, essere espertissimo in tutti i procedimenti logici del metodo deduttivo e dell'induttivo per diuturne esercitazioni fatte con gli studi delle matematiche e delle scienze naturali; e, quanto a me, posso andar sicuro, da errori nelle mie ricerche personali e nelle mie dimostrazioni. Ma non m'è dato di procedere sempre difilato per la via, senza guardar mai né indietro, agli altri che furono cultori de' miei studi stessi, né ai lati, a quanti le coltivano tuttavia; può accadermi talvolta di trovarmi innanzi a procedimenti sbagliati di chi non è ugualmente esperto. E in questi casi, come m'accorgerò dell'errore, e come lo criticherò, se io, oltre al sapere di fatto eseguire i procedimenti logici, non ho la coscienza del modo in cui tali procedimenti si conducono? Tale coscienza è appunto la logica. Certo, molti scienziati che non studiarono mai logica, fiutano subito l'errore dove loro si presenti. Ma studiar logica vuol dire riflettere sui procedimenti naturali dello spirito; e non è detto che non si possa rifletter da sé; che anzi il miglior insegnamento è l'autodidattica. In generale però la riflessione non procede sicura, se non è avviata con disciplina speciale.

Si può di certo dare una scuola media senza filosofia; ma non s'impedisce per questo ciò che è richiesto dalla natura stessa dello spirito, la riflessione su se medesimo; come non insegnando la lingua italiana, non s'impedisce di parlare in una lingua, che, per noi, comunque appresa e parlata, devesi pur dire italiana. E come la scuola non può mirare a un insegnamento, a capo del quale non si sappia parlare, se non male, la lingua italiana, così non può né anche contentarsi di un insegnamento che non curi d'indirizzare e promuovere metodicamente la naturale e spontanea riflessione dello spirito su se medesimo.

VII

ESEMPI E CONFRONTI

– Tutte le vostre ragioni saranno belle e buone in astratto; e basteranno a voi, che non credete all'esperienza in pedagogia; ma intanto il fatto è questo: che la Germania, la nazione più filosofica del mondo, non ha un insegnamento filosofico speciale nella scuola classica; e questo fatto manda all'aria tutte le vostre ragioni. – È una vecchia obbiezione, a cui ormai è pur vecchia la risposta. Scrive per esempio il Cantoni: «Anzitutto in alcuni Stati tedeschi è pure insegnata una propedeutica filosofica; e in tutti poi vi è un insegnamento religioso, che, andando dalle classi infime alle superiori, assume in queste un vero carattere filosofico. Si aggiunga che, essendo richiesta da tutti gli insegnanti delle scuole secondarie, qualunque sia la materia del loro insegnamento, una larga coltura filosofica, questa penetra indirettamente tutto l'insegnamento secondario; infatti gli scolari tedeschi giungono all'università in grado di seguire e comprendere anche i corsi filosofici più elevati che vi si danno. Mancando in Italia le condizioni propizie ad un insegnamento filosofico indiretto, quale si dà in Germania, la soppressione dell'insegnamento filosofico nelle scuole secondarie toglierebbe ogni preparazione per quella materia nelle Università... Se a queste ragioni si aggiunge che molti anche in Germania, malgrado le condizioni vantaggiose sopra notate, insistono perché si introduca nei loro ginnasi l'insegnamento filosofico... si vedrà come assai male a proposito venga invocato contro l'insegnamento della filosofia l'esempio della Germania».[1] Questa risposta è stata pur data più volte; ma pare che non riesca tanto convincente; poiché l'obbiezione risorge sempre; e ad ogni modo, si potrebbe ad essa replicare che l'insegnamento scientifico universitario deve anch'esso cominciare dai principii, così in filosofia come in ogni altra disciplina; e che quando la scienza si sarà elevata nelle Università, anche in Italia sarà possibile quell'insegnamento filosofico indiretto, che si ha in Germania.

Quanto a me, non credo che l'esempio di un'altra nazione significhi nulla di serio in una discussione di pedagogia; e vorrei dire che alle pecorelle sole, che ciò che fa la prima e l'altre fanno, dovrebbe accadere che quando l'una si butta nel pozzo, e l'altre le van dietro. Che sia un buttarsi nel pozzo la rinunzia all'insegnamento filosofico liceale presumo di averlo dimostrato. Ma pure la Germania è la nazione più filosofica del mondo! Ebbene, guardiamo un po' più da vicino questo fatto; studiamolo; perché un fatto per sé non ha bocca, né parla; bisogna interpretarlo.

È vero, nel novero delle discipline ginnasiali, oggi, in Germania non s'incontra più la filosofia. Ma vediamo un po' che cosa di filosofico c'è nei vari programmi delle altre materie, per esempio nel ginnasio Federigo-Guglielmo di Berlino, che si dice molto prossimo al tipo normale.[2] Il programma di latino ci presenta tutti gli scritti filosofici di Cicerone; quello di greco, i Memorabili di Senofonte, l'Apologia, il Critone, il Gorgia e il Protagora di Platone; quello di

---

[1] *Dizionario di pedagogia*, all'art. *Filosofia (insegnamento della)*. La stessa risposta è dal Cantoni ripetuta nel suo art.: *L'insegnamento filos. e l'educaz. delle classi dirigenti*, nella *Rivista filosofica*, marzo-aprile 1899, p. 139 sg.

[2] Sono riferiti dal prof. F. L. Pullè nel suo scritto *Dell'istruzione secondaria in Germania*, pubbl. tra gli *Studi di legislazione scolastica comparata raccolti e pubbl. per cura del Min. di Pubblica Istruzione*, Firenze, Sansoni, 1877, pp. 57 sgg.

tedesco le poesie e i drammi di Goethe e di Schiller, gli scritti esteti-
ci di Schiller, il Laocoonte di Lessing, la storia della letteratura tedesca (in cui tanta parte è occupata dalla filosofia); poi i principii della
logica con esercizi tanto nella prima inferiore quanto nella prima
superiore cioè in entrambe le due ultime classi – sul testo del
Trendelenburg (*Elem. Log. Arist.*). Insegnamento impartito con tale
accuratezza che in classe si può assegnare, per esempio, questo tema
estemporaneo: «Contraddizione e contrapposizione, secondo gli
Elementi di logica di Aristotele».[3] Infine la religione stessa, che è a
capo di tutto il programma ginnasiale, non è già un catechismo, una
semplice spiegazione del domma. «Come si sa, il tedesco nelle cose
della sua fede vuol vederci da sé, e vederci chiaro. Egli dev'essere
istruito nei principii della religione, e questi gli hanno ad essere com-
prensibili e discutibili. Questa istruzione non è un insegnamento, ma
sibbene uno studio. Il metodo è storico, e diretto ad impedire il dog-
matismo: il modo di condurlo, liberale; docenti ne sono gli stessi
maestri secolari, insegnanti delle altre materie».[4] Quindi lo studio critico e storico dell'antico e del nuovo Testamento e la storia della
Chiesa. Il programma della 1ª superiore dice: «Interpretazione più
approfondita di alcuni capi della dottrina della fede (*studiata in 1ª
inferiore*). – Lettura dell'Evangelo di S. Giovanni e della lettera ai
Romani, nel testo originale. – La confessione di Augsburgo»; oltre la
ripetizione delle nozioni bibliche e della storia della Chiesa. Non ho
certo bisogno di ricordare quanta filosofia si tragga dietro un tale
insegnamento religioso. Ma ho forse bisogno di rammentare quanta

---

[3] È opportuno ricordare che in Germania tutti gli studenti che aspirano all'insegnamento,
sieno di lettere, sieno di scienze, devono nell'esame di cultura generale dar prova di conoscere
i principii di logica e di psicologia, e i più importanti indirizzi filosofici; o di aver letto e com-
preso per intero un'opera filosofica, e di essere istruiti nei principali momenti della storia della
filosofia.

[4] PULLÈ, pp. 76-7.

ce ne sia in Schiller, in Goethe e nella storia della letteratura tedesca?
Certo, chi ha compiuto in Germania il corso degli studi ginnasiali,
dee avere acquistato un tesoro di riflessione filosofica molto superiore a quella meschina educazione, che i nostri orari e ordinamenti scolastici presenti permettano all'insegnante di filosofia di dare a' suoi
alunni. Sicché io sarei il primo a dare il mio voto per l'abolizione del-
l'insegnamento filosofico, quando mi si desse una scuola classica così
forte in greco e latino da poter leggere gli scritti filosofici di Cicerone
e quattro dialoghi di Platone, l'Evangelo del metafisico Giovanni e
l'Epistola a' Romani del grande psicologo Paolo; a patto, che mi si
mostrasse lo Schiller e il Goethe italiani; a patto, che mi si provasse
contenersi nella nostra letteratura altrettanta filosofia quanta se ne
contiene nella tedesca; a patto in fine, che si facesse studiare per due
anni del nostro liceo gli Elementi del Trendelenburg, fino a mettere
in grado gli alunni di scrivere *ex tempore* un componimento su un
tema qualunque della logica aristotelica. Altro che i nostri elementi di
psicologia, logica ed etica spilluzzicati in 2 orette settimanali per 3
anni, o in 4 orette per un anno solo! –

Ed ecco che già il fatto comincia a dar torto a quanti si ricordano
della Germania proprio quando si tratta di osteggiare la filosofia;
senza curarsi menomamente di vedere se le condizioni presenti e la
storia della nostra cultura corrispondano punto alle presenti condizioni e alla storia della cultura tedesca.

Ma il torto diventa marcio, quando si va a cercare la ragione per cui
in Germania hanno abolito l'insegnamento della filosofia nei ginnasi. Si sa che la filosofia era stata introdotta nel ginnasio tedesco quando era in auge la grande filosofia classica, per consiglio e suggeri-
mento di Hegel.[5] E quando la rivoluzione del '48 diede il crollo alle

---

5 Vedi il Rapporto di Hegel (del 7 febbraio 1823) al Ministero dell'istruzione, in *Vermrschte Schriften*, II, pp. 357-67 (nel vol. XVII delle Opere complete, Berlin, Duncker e Humblot,

idee fin allora ufficialmente dominanti in Germania, al vertiginoso movimento ascensivo della filosofia classica seguì il movimento non meno rapido di discesa, e tutte le colpe vennero attribuite ad essa, e corse per tutte le università il grido famoso: *Keine Metaphysik mehr!*; s'intende facilmente come allora la Germania, sforzandosi di rinnovarsi tutta, e cominciando da una riforma delle scuole, bandisse da queste l'insegnamento filosofico, introdottovi da quel pessimo consigliere che s'era mostrato al fatto Giorgio Hegel. Così anche dalle scuole normali furono escluse la filosofia e la pedagogia teorica. Ma che perciò? Forse che la Germania abbandonò davvero la filosofia, riducendo la propria cultura alle condizioni, in cui si trova attualmente in Italia?

Ne chiamo in testimonio uno dei più tepidi amici, che la filosofia abbia in Italia; il quale, visitando i ginnasi tedeschi nel 1865, quando la reazione non era per anco cessata, ebbe poi a scrivere argutamente: «Se non che, quando i tedeschi ci dicono d'essere divenuti positivi, pratici, noi dobbiamo intenderci. Il positivo degl'inglesi chiamasi Canada, India, Australia, telegrafo transatlantico, ecc. ecc.; il positivo tedesco è assai spesso un nuovo sistema o un'idea del posi-

---

1835). Cfr. ivi l'estratto della lettera al Niethammer: *Ueber den Vortrag der philosophischen Vorbereitungs-Wissenschaften auf Ginnasien*, pp. 335-48 (del 23 ottobre 1812) e la lettera al consigliere Göschel del 13 dicembre 1830, p. 535.

Del resto anche Hegel, se assegnava al ginnasio, oltre l'insegnamento filosofico indiretto dello studio degli antichi e della religione (ora rimasto), la "conoscenza della cosiddetta psicologia empirica", dei principii fondamentali della logica, e, nelle più alte classi, anche "über die Moral richtige und bestimmte Begriffe" in relazione coll'insegnamento religioso, era per l'esclusione e della metafisica speciale (eigentliche Metaphysik) e della Storia della filosofia; e dichiarava "Hauptgegenstand" i principii della logica, di cui non proponeva ai ginnasi se non l'antica aristotelica e formale. Sicché, in fondo, il concetto hegeliano è rimasto nell'ordinamento degli studi ginnasiali tedeschi.

Il pensiero di Hegel era che il ginnasio non dovesse dare direttamente se non una preparazione filosofica formale; e che, quanto al contenuto della filosofia, bastasse quanto ne offre lo studio degli antichi e della religione.

tivo». Ma mi si permetta di riportare qui la narrazione, che lo stesso scrittore fa di un aneddoto del suo viaggio in Germania. Vale a provare come i tedeschi avessero abbandonato la filosofia:

«Una sera, verso le 12 pom., entrai in una birreria dove erano raccolti, intorno ad una tavola, a bevere birra, alcuni privati docenti ed aiuti di professori. – Ebbene, mi dissero, che cosa avete visto oggi a Berlino? – Il monumento della *Belle-Alliance* (che celebra la vittoria contro i Francesi). – Benissimo. – Sono poi andato a cercare la tomba dell'Hegel, e nessuno la conosceva, neppure il portiere di quel piccolo camposanto. Ho trovato un ben misero monumento ad un così grande uomo. – Qui dettero tutti in uno scroscio di risa. – Hegel! Oh! Il grande uomo! Voi altri in Italia siete tutti filosofi speculativi. Conoscete Fichte, Hegel ed anche Herbart. Non vi siete inginocchiato innanzi alla tomba dell'Hegel? – Quanti anni son passati da che voi eravate colla bocca aperta, a sentir le parole di quel filosofo, che allora alcuni osavano chiamare un nuovo Cristo? Noi che non ne facemmo mai un idolo, non abbiamo bisogno ora di disprezzarlo troppo, né d'insultare la sua tomba. Credo che noi siamo abbastanza positivi. Voi andate dietro all'idea del positivo, siete sempre filosofi.... – In questo discorso, che era fatto ridendo da una parte e dall'altra, mi passarono tutto, meno la accusa di filosofi. Ma io rincalzai il mio argomento. – Oggi sono stato anche ad un ginnasio, ed ho assistito a varie lezioni. S'è levato un giovane di 14 anni, che ha preso a leggere un suo componimento, il quale cominciava così: La virtù ed il carattere sono due idee obiettive. Il maestro lo ha subito interrotto dicendo: che cosa mai andate fantasticando? Volete fare il filosofo? Bisogna esser positivo. Tutte le idee son subiettive ed obiettive ad un tempo. E così ha speso metà della lezione a provare che le idee son subiettive ed obiettive. Ora io oso affermarvi, che in Italia non vi sarebbe tempo né voglia di far queste discussioni con un giovanetto di 14 anni, il quale certamente non comincerebbe mai il suo scritto a quel modo.

– Il mio racconto andò poco a sangue, e fu mutato discorso. V'era a quella tavola un giovane di Monaco di Baviera, che mi fu presentato come un estetico: in Germania vi è anche una tale professione. Costui, come più meridionale, aveva ai miei occhi un'aria più disinvolta e geniale. – Avete veduto, egli mi disse, i nostri quadri, le nostre gallerie? – Sicuro. – Che cosa ne pensate? – Bellissimi. Ieri sono stato a contemplare i grandi affreschi del Kaulbach, e mi par quasi che sia un uomo di genio. – Oh! Oh! Genio Kaulbach!

«E così cominciarono gli altri tutti a protestare contro quella parola, temperata pure da un quasi, e pronunziata per raddolcire un poco l'amaro della prima discussione. – Kaulbach ha talento, Cornelius ha genio. – Ma qui la discordia entrò nel campo d'Agramante, e cominciò una battaglia fra di loro sul vero significato della parola Genio. Finalmente si pose di mezzo l'estetico: – Signori, egli disse, voi non sapete intendervi, perché avete dimenticato che v'è *genius* e *genie*, v'è talento e ingegno, e son quattro cose diverse... E qui una nuova battaglia sulla differenza tra *genius* e *genie*. Ma erano passate già due ore; io mi sentivo stanco, e poco intendevo questo nuovo positivo tedesco. La compagnia si sciolse, facendo una carezza ufficiale alla *kellerina*, che aveva passati da un pezzo i 50 anni. Così neppure in questo potei andar d'accordo coi miei compagni».[6]

In questo modo, dunque, ai tedeschi venne a noia la filosofia: rimanendo tutti a filosofare; allo hegelismo facendo succedere il materialismo prima e poi il neokantismo; a una filosofia sostituendone un'altra, come chiodo scaccia chiodo. Tutto questo in Italia non è accaduto, né era possibile nulla di simile. Da noi non si tratta né si è trattato mai di una reazione qualsiasi. Infatti, prima di tutto, perché una reazione ci sia, bisogna che ci sia stata innanzi un'azione. Dov'è stato il moto filosofico largo e profondo, che abbia pervaso e informato

---

[6] P. Villari, *Nuovi scritti pedagogici*, pp. 177-9.

tutta la cultura e dato un orientamento agli spiriti, paragonabile al moto tedesco della filosofia classica da E. Kant a G. Hegel? Il Galluppi, il Rosmini e il Gioberti furono piuttosto dei solitari, né formarono certo vere scuole filosofiche, né esercitarono una grande e intima efficacia sulla coscienza italiana, se ne togli quella del Gioberti, che fu peraltro sopra tutto politica. E chi in Italia ha sentito parlare di reazione a questi tre filosofi?

Sicché se in Germania una reazione all'idealismo, alla filosofia di Hegel, trascina alla condanna dell'insegnamento filosofico, la condanna ha una motivazione contingente e locale, di cui non si può parlare in Italia. Lassù già cominciano a chiedere che si torni a un insegnamento diretto della filosofia; e noi, arrivando sempre in ritardo, perfino nello scimmiottare, vogliamo far caso di un fatto puramente transitorio nella storia del ginnasio tedesco e intimamente connesso colle vicende d'una grande cultura, quale noi non abbiamo affatto avuto, né avremo per un pezzo! Che se i tedeschi potevano permettersi il lusso di rinunziare per due o tre generazioni a una generale cultura filosofica, avendone già piena l'atmosfera, sì da non riuscire a sottrarvisi per quanti propositi facessero di non volerne più sapere; noi, che abbiamo ancor tanto da fare a questo riguardo, noi come possiamo pensarvi? Altro che torto marcio!

Ma dimenticavo, a dire il vero, che anche noi in Italia abbiamo avuto in piccolo il nostro hegelianismo; abbiamo avuto in Napoli per un quarantennio, dal 1840 circa all'80, quella colonia di tedeschi, che misero sossopra l'Italia con la Idea. Dispersa dalla tirannide borbonica, profittò delle nuove larghezze della libertà italiana per tornarvisi a insediare, e a combattere di là tutta l'Italia, che dal concilio di Trento non ne aveva voluto sapere più nulla, della filosofia. La reazione, perciò, sarebbe contro quell'hegelianismo in piccolo; una reazione in piccolo.

Se non che né pur questa mi capacita. Perché, di grazia, chi s'accor-

se mai, durante quel quarantennio, di quei tedeschi di Napoli? Li
degnarono appena d'uno sguardo quelli che facevano professione di
filosofia. Ma, o non intendessero il tedesco, o non fossero abbastanza esperti nel gergo adoperato da quei tedeschi, non ci capirono
un'acca. Li provocò, per esempio, Terenzio Mamiani a spiegarsi sul
concetto da loro professato dell'Assoluto; e uno, il più valente, B.
Spaventa, subito a rispondergli con una delle sue scritture meno spa-
ventevoli e più geniali; ma con qual frutto? Il pensatore di Pesaro fu
pronto a confonderlo con quei «molti dettatori moderni, il cui linguaggio sibillino», come scrisse nell'Avvertenza a un suo libro tutto
agghindato e rettorico, «io dispero di mai deciferare e comprendere.
Né vo' tacere altresì che le tenebre sacre dentro alle quali si chiudono
a me non bastano per istimarli sovrani Iddii della scienza».[7] Ma, via:
per intendere quegli hegeliani si sarebbe dovuto sapere un po' di tedesco; il Mamiani non ne sapeva punto; e *transeat*. Ma ben lo conosceva il Barzellotti; il quale, tuttavia, non scrisse altrimenti che il
Mamiani:[8] «V'è nel pubblico chi si volta e guarda per poco; poi tutto
ritorna silenzio... Poco dopo il 1860, solo un po' il moto degli hegeliani di Napoli rompe quell'aria morta, fa sentire alle menti, anche
fuori del recinto delle scuole filosofiche, una certa ventilazione d'idee
che rinfresca almeno la critica letteraria. Ma, venuta com'è in ritardo
di circa quarant'anni sull'ora storica del pensiero europeo che aveva
portato con sé l'idealismo dell'Hegel, la scuola napoletana riesce più
a scuotere le menti che a fecondarle di germi durevoli». Quindi anche
il Barzellotti ci parla della «sacra tenebra delle formule, nella quale i
più de' suoi avvolgono il vuoto sonoro del loro pensiero oracoleggian-

---

[7] Vedi le *Meditazioni cartesiane* (Firenze, Lemonnicr, 1869), p. X. Il volume uscì nel novembre o dicembre del '69. (La dedica è del 17 novembre. Cfr. Proemio agli *Studi sull'Etica di Hegel*
di B. SPAVENTA, Napoli, 1869).

[8] *N. Antologia* del 1 maggio 1889, p. 56.

te», del «gergo tra barbaro e bizantino che gli fan parlare» ecc.[9] Insomma non furono capiti, o non si lasciarono capire da nessuno. I loro nomi rimasero pressoché ignoti all'universale delle persone colte e i loro libri, rifugiatisi per qualche anno sui muricciuoli, ora son diventati rarità bibliografiche. Ebbene, che si voglia o si deva reagire contro un tal movimento filosofico, semplicemente perché porta il nome istesso di quello cui si reagì in Germania dal 1848 in poi, mi riesce davvero inconcepibile. Sarei il primo a promuovere la reazione, quando però in Italia avessimo una saturazione filosofica pari a quella che avvenne in Germania nel secondo ventennio del secolo per effetto dello hegelismo. Ma finora, ahimè, lungi dall'esser saturi, siamo digiuni affatto di ogni filosofia; e non vedo al lungo digiuno altra possibile reazione, che quella di accingerci a fare una filosofica scorpacciata. Con una tale reazione ci faremmo davvero imitatori della Germania!

O forse si tratta di reagire contro il positivismo italiano? Ma, siamo sinceri, quali colpe potrete rimproverare ai positivisti? Quale filosofia? Essi sono stati fra noi i primi a combattere la filosofia, predicando che s'avessero a studiare i fatti, che s'avesse quindi a trasformare la filosofia in una scienza, come tutte le altre: e cercano ancora, essi stessi, se il positivismo sia proprio una filosofia, o non piuttosto un semplice metodo. Essi sì, che sono stati capiti e ascoltati dall'Italia tutta; e han diffuso quello spirito ingenuo di critica contro la filosofia (la filosofia filosofica, e non scientifica!), quello spirito da avvocati e da giornalisti, che s'è compiaciuto per tanto tempo di deridere amabilmente la scolastica, e i nemici della scolastica, la metafisica del medio evo e quella dell'età moderna, non propriamente come questa o quella metafisica (che di storia non se n'è mai impacciato), ma come meta-

---

9 Altro giudizio aveva dato il prof. BARZELLOTTI, nell'art. *La filosofia in Italia* della *N. Antologia* del 15 febbraio 1879, pp. 638-42 sulla scuola hegeliana, e sullo Spaventa in particolare.

fisica in generale; deridere l'*a priori*, e simili altri ferravecchi: insomma, tutta la filosofia. Ora, reagire contro un tal movimento, può significare una cosa soltanto: ristaurare l'insegnamento e lo studio della filosofia.

Non parlo dei neo-kantiani; perché in Italia i neokantiani si sono limitati allo studio della storia della filosofia; e con un tal metodo storico filologico, che mette al sicuro da ogni tentazione di filosofia costruttiva. O mi rimane da accennare ai tomisti, fatti pullulare per tutta Italia, come fuori d'Italia, dall'enciclica *Aeterni patris* del 1879? Ma, in primo luogo, non credo che il tomismo sia penetrato nelle nostre scuole; e in secondo luogo, la guerra al tomismo, e dico al tomismo del p. Cornoldi e compagni, non si può combattere con altre armi che con quelle apprestateci dalla filosofia moderna. E l'esigenza di questa guerra già dovrebbe bastare a coloro che non s'intendono altrimenti di filosofia, per indurli a rafforzare anziché indebolire l'insegnamento filosofico nelle nostre scuole.

Non si parli adunque di reazione, né si adduca l'esempio della Germania. Il quale esempio, d'altronde, se si citasse per dire che senza studi di filosofia nelle scuole medie può prosperare lo stesso la speculazione di un popolo, sarebbe assolutamente sbagliato. Perché il moderno ginnasio tedesco non ha dato, ch'io sappia, nessun filosofo; i filosofi viventi della Germania essendo tutti già così innanzi negli anni, da non aver potuto fare i loro studi nel ginnasio senza filosofia; e i meno anziani, che ci sono, – la più parte neo-kantiani, – essendo piuttosto filologi e storici o scienziati, che veri e propri filosofi. La grande Germania filosofica è sempre quella formatasi avanti al '48.

Ma perché poi si cita la Germania, e si dimentica la Francia, in cui dal Cousin, che diede a tutto quanto l'insegnamento filosofico un così notevole impulso, gli studi filosofici sono tanto in fiore, e informano tutta la cultura? Del resto, non voglio entrare io nella via pericolosa dei fatti e degli esempi.

L'abolizione dell'insegnamento filosofico nel ginnasio tedesco avvenne, adunque, per reazione ai trionfi dell'idealismo assoluto; cioè, per la stanchezza sopraggiunta alla mente germanica dopo la corsa precipitosa in cui la lanciò Hegel, anzi tutta la filosofia postkantiana. Era naturale che, stanca, si soffermasse per riprender fiato. Ma l'avversione presente, che la filosofia incontra in Italia, questa guerra che le si fa fin nella culla, nella scuola media, come si spiega? Siamo anche noi stanchi di correre? O siamo piuttosto ridotti all'impotenza dalla lunga inerzia, che è diventata accidia, e non ci permette più l'uso delle gambe? Nel primo caso, com'è stato per la Germania, sarebbe poco male: perché chi ha corso e corso, se stanco di correre, quando avrà ripreso fiato, sarà costretto dalle sue gambe stesse a rimettersi in moto, se non a correre; ma chi per lunga inerzia non sa più usar delle gambe, è ben difficile che sappia rimettersi in piedi; e a gran fatica potrà muovere un passo: di correre non è nemmeno da parlare, per un bel po'. E in Italia mi pare che oggi si tratti proprio del secondo caso. Sicché si tratterebbe proprio di sgranchirci queste gambe dalla secolare inerzia, cui la nostra storia politica e religiosa ci ha condannati, e di provarci a mettere un piede innanzi all'altro. La nullità della nostra presente filosofia è la principal cagione del presente discredito degli studi relativi fra i non filosofi; non perché i non filosofi s'accorgano della sua nullità, (che non ne sanno nulla, né se n'impacciano); ma perché la filosofia nostra non dà segni di vita, non richiama sopra di sè l'attenzione, non influisce sulla nostra cultura; non brilla insomma se non per la sua nullità. Vi sono studiosi seri e valenti; ma dove sono i filosofi? Ci saranno; ma non si fanno conoscere; ed è però come se non ci fossero.

Dal rinascimento in qua la filosofia è spenta in Italia. Bruno e Campanella cominciano ad essere de' solitari: non lasciano una scuola dietro di sé; il loro spirito è costretto ad emigrare in più libere terre. Un solitario è Vico; e, più o meno, solitari sono sempre il Galluppi,

il Rosmini e il Gioberti. E in questi pochi nomi si compendiano tutti
i fasti della nostra storia filosofica. Poi c'è una schiera infinita di filosofi, prima di Vico e dopo, che sono cartesiani, lockiani, condilla-
chiani, kantiani, e anche rosminiani e giobertiani; critici più o meno
dotti, espositori; seguaci dell'uno o dell'altro filosofo; non veri filosofi. Uno dei più recenti storici della filosofia moderna, l'Höffding,
professore a Copenaghen, trattando della filosofia secondo le varie
nazionalità, ha parlato della francese, dell'inglese e della tedesca: non
ha fatto verbo dell'Italia. E un valente platonista francese non aveva
tutti i torti di scrivere, or non è molto, che «les Italiens ont si peu de
philosophes à eux, si même ils en ont jamais eu».[10] E le citazioni si
potrebbero moltiplicare.

Il favore verso gli studi filosofici in Italia resta ancor da creare: e
spetta alla filosofia il crearlo. Ma lealtà vuole che si diano alla filosofia le condizioni necessarie per vivere; che non può vivere dov'è per-
seguitata dai preti nelle coscienze e dallo Stato nelle scuole. Le si
diano le condizioni necessarie per vivere: e poi s'aspetti, si abbia la
pazienza e la saviezza di aspettare. Perché l'attesa non potrà esser
breve, se la mente italiana s'avrà a rifare dalla lunga oppressione sof-
ferta. E s'intende, che la prima di coteste condizioni è l'insegnamento filosofico durante il periodo formativo dello spirito.

La questione didattica, per questo rispetto, s'intreccia con una
grande questione di pedagogia nazionale. È antico e noto, e pur sempre insoddisfatto, il voto di un gran galantuomo d'Italia: che occorra
fare gl'Italiani; e ogni momento si levano alti i piagnistei, perché
gl'Italiani non sono ancor fatti, e si è sempre lontani (ahimè quanto!)
dal farli. Ma fare gl'Italiani vuol dire educarli alla libertà; e se il centro di ogni educazione è la scuola, per fare gl'Italiani bisogna indirizzare la scuola alla formazione delle libere menti. Né la mente è libe-

---

[10] Ch. Huit, *La vie et l'oeuvre de Platon*, Paris, Thorin, 1893, II, p. 471 n.

ra, se non quando è conscia, padrona di sé; e questa coscienza non
può esser data se non dalla filosofia. Dove sono i filosofi italiani? – ho
chiesto innanzi; ma posso pur chiedere: dove sono in Italia gli uomini liberi? Sono forse quei positivisti, o mezzi positivisti, delle cattedre
o delle tribune, autori di libercoli o di articoli di giornali, che non riu-
scendo a formarsi un concetto della libertà, la negano addirittura?
Sono i rossi o i neri? Essi formano i veri, i soli partiti politici, che produce l'Italia odierna. Libertà vuol dire spirito, e spirito in ciò che esso
ha di sostanziale: coscienza, riflessione, filosofia. Se amate la libertà,
rifate dunque l'uomo interiore e non rifuggite dalla filosofia, che è
l'unico studio e l'unica educazione, che finora si conosca, di questo
interiore, dello spirito umano; perché la sola filosofia, come abbiamo
dimostrato, fa ritornare lo spirito su se medesimo, strappandolo dalla
perenne contemplazione del mondo esterno, nella quale ei dimentica
se medesimo.
  Ma la filosofia ha i suoi gravi pericoli, si vien bisbigliando, anche
tra i suoi cultori. Ebbene: quali sono questi pericoli? Guardiamoli un
po' in faccia.
  Lo scetticismo! Ma io ne conosco due di scetticismi: uno filosofico
(nel senso proprio della parola) e uno non filosofico. Gli scettici del
primo modo, – sono pochissimi, – non hanno mancato di fede invitta nello spirito umano; non nello spirito umano che costruisce, ma in
quello che demolisce. E quindi sono stati uomini dalle profonde con-
vinzioni, e di saldo carattere. Il loro scetticismo, in quanto determinato in una forma scientifica, era per ciò stesso inevitabile che si trasformasse nel più secure dommatismo. Sono gli scettici della seconda
maniera, che non hanno nessuna fede: gli scettici che dubitano, senza
dimostrare che il dubbio è legittimo; gli scettici che non hanno una
filosofia perché non hanno un pensiero, in cui fermarsi, e non hanno
quindi un vero e proprio fondamento stabile alla vita del loro spirito.
La filosofia, dunque, per questo rispetto, è pericolosa, anzi funesta, in

quanto non c'è, non in quanto c'è.

Il materialismo! Il materialismo, secondo me, è la ignoranza della filosofia moderna, specialmente di quella postkantiana. Ma, a parte questo giudizio, o c'è una filosofia materialistica in Italia, o non c'è. Se non c'è, il pericolo non esiste; e io veramente non conosco i materialisti italiani, appunto perché non conosco i filosofi italiani, come ho già dichiarato; né posso pigliar per materialista taluno che tale si professa, senza conoscer nemmeno la storia del materialismo, nonché quella dello spiritualismo. Ma se c'è, e lo credete funesto all'educazione nazionale, che vi giova seguire il costume dello struzzo, che nasconde il capo sotto l'ala per non vedere il cacciatore? Come il cacciatore vede sempre abbastanza lo struzzo per ammazzarlo, così al materialismo, se c'è, sono aperte tante vie per arrivare a infiltrarsi nell'educazione. Combatterlo non si può se non con un'altra filosofia. Ma quale filosofia va insegnata: la materialistica, o l'altra? La domanda equivale a quest'altra: dov'è la verità? – A questa domanda non può rispondere il senso comune: il giudice del materialismo non può essere altri che la filosofia. Sicché anche il materialismo è pericoloso in quanto la filosofia non c'è, non in quanto c'è.

Lo stesso dicasi del pessimismo, dell'ateismo e di quante altre forme pericolose abbia avute o abbia la filosofia: il mezzo di oppugnarle consiste appunto nella filosofia; e l'unico modo di vincerle è quello di consolidare sempre più gli studi filosofici.

VIII

VOTI E PROPOSTE

La filosofia, adunque, è bene rimanga nel nostro insegnamento secondario. Ma per rimanervi veramente è necessario che venga reintegrata ne' suoi diritti, da ben venticinque anni disconosciuti; è necessario che le si restituisca almeno l'antico orario di otto ore settimanali; o meglio, quello assegnatole dal ministro Coppino, negli orari del '67, di nove ore in due classi.

Anch'io rinunzierei volentieri all'insegnamento filosofico nella prima liceale, non tanto perché gli alunni di questa classe sieno di troppo tenera età, o perché, come altri osserva, difettino ancora delle necessarie nozioni scientifiche, quanto per raccogliere nelle due classi superiori un maggior numero di ore. La mente di un alunno di prima liceale non vedo quali grandi o notevoli differenze di sviluppo presenti dalla mente di un alunno di seconda, e la preparazione scientifica occorrente ai primi studi di psicologia viene agevolmente fornita dall'insegnante di questa stessa materia. Purché ci si ricordi che il materiale che dev'essere studiato dalla psicologia non è quello che viene fornito dalla fisiologia e dalle scienze inferiori, bensì dalle lingue e dalla letteratura in generale, dove tutti i fatti psicologici hanno la loro naturale espressione.

Quel che preme, è che le ore dell'insegnamento filosofico non siano rare. La filosofia è riflessione dello spirito su se medesimo? Ma condizione imprescindibile della riflessione è la continuità, o almeno la grande frequenza. Se oggi invito le menti de' miei giovani alunni, sempre distratte dal moto incessante delle rappresentazioni, a concentrarsi, a riflettere sopra un fatto dello spirito, e, quando avrò fatto loro compiere uno sforzo di riflessione, non ci si vede più per tre giorni, o, se interviene una vacanza, per sette giorni, il beneficio dello sforzo evidentemente è fatale che si disperda, a quel modo che, incurvando un flessibile ramo, questo non potrà serbare la piega, se gli si lascerà ripigliar tosto la diritta conformazione naturale, per quante volte si ritorni egualmente a incurvarlo. Bisognerebbe legare saldamente il ramo quando è ripiegato, in modo che perdurasse il ripiegamento stesso. Così, quando si è riusciti a ripiegare lo spirito giovanile su se medesimo, s'avrebbe a legare, per mantenerlo nell'atto o nello sforzo della riflessione. E a tal uopo occorre una certa frequenza nelle lezioni.

E il difetto di una tale frequenza è, a parer mio, la principale cagione del poco frutto che dà oggidì l'insegnamento della filosofia nei nostri licei. Non basta restringere il programma: perché non si tratta del *quantum*, ma del *quale*, che richiede una cura particolare. Già siamo ridotti agli elementi degli elementi; ma sono sempre gli elementi degli elementi di filosofia: e poiché filosofia vuol dire riflessione, anche per inculcarne gli elementi elementarissimi bisogna battere spesso e forte; bisogna formare con una tensione assidua quella riflessione, senza la quale né anche questi elementi elementarissimi possono essere veramente penetrati: al più, accadrà che rimangano inutile ingombro della memoria, a tener compagnia all'abbondante suppellettile sintattica delle lingue antiche, onde tuttora si compiacciono molti insegnanti. Ma una filosofia riposta nella memoria è la negazione della filosofia, che è formazione e conformazione dell'intelligenza.

Inutile aggiungere che per ridare alla filosofia il suo antico orario, io faccio voti che si voglia abbandonare l'esperimento delle lingue moderne, che si vien facendo. Ma appunto perché ho un filo troppo tenue di speranza che questi miei voti vengano compiti, nutro pochissima fede nella mia proposta relativa all'orario della filosofia.

Oso tuttavia sperare che i fatti, fra qualche anno, costringeranno perfino i ciechi ad aprire gli occhi e a Vedere il danno che a tutto l'insegnamento classico, ma specialmente a quello di lettere italiane, che sarà sempre l'insegnamento centrale della scuola classica, è per derivare dallo studio simultaneo delle lingue straniere. Allora l'esperimento *in anima vili* sarà consumato: e si riceverà finalmente il sospirato ammaestramento dalla esperienza.

Che sia ricordata almeno allora la mia proposta, che è pure la proposta, credo, di tutti gl'insegnanti di filosofia![1] Che la filosofia non si deva bandire dalla scuola classica, penso averlo dimostrato: ma senza una reintegrazione del suo orario, la filosofia, se non di nome, ne è di fatto bandita: e questo non può avvenire, non avviene senza grave danno di tutto l'insegnamento classico. La nostra proposta, pertanto, s'inspira all'interesse degli studi medi, e non può essere trascurata da nessuno che abbia a cuore tale interesse.

Ma dopo l'orario, è urgente un'altra importante modificazione nel nostro insegnamento di filosofia: l'introduzione dei classici filosofici nelle scuole, la cui porta è stata loro sempre vietata in Italia, se ne togli i classici antichi, Platone e Cicerone, lasciati entrare, del resto, pel puro fine letterario.

Ai pedagogisti, teneri dell'esperienza, mi basterebbe citare l'esempio della Francia. Che quivi, l'insegnamento filosofico faccia ottima prova, è noto a tutti. «*Les rapports*», scriveva tempo fa il Fouillée, «*les rapports émanant de l'inspection générale ou des doyens de facultés sont unanimes à reconnaître que, de tous les enseignements, c'est celui de la*

---

[1] Anche il CANTONI, *Dizion. di pedag.*, I, p. 665, sostenne che l'insegnamento filosofico "dovrebbe cominciare dal 2° anno di liceo e proseguire nel 3° e avervi non meno di nove ore settimanali complessivamente e cioè 4 nel 2° e 5 nel 3°".

philosophie qui «a jait le plus de progrès», auquel les élèves «s'interessent le plus et dont ils profitent le mieux». E citava i rapporti degli ultimi dieci anni; soggiungendo: *Il n'est pas un inspecteur general qui n'ait constaté spontanément que les compositions de philosophie sont ancore, en somme, «l'épreuve la plus satisfaisante»...* M. *Boulroux a dit le mot: «Le vrai tort de l'enseignement philosophique, c'est son succès».*[2]

Orbene, in Francia nella classe di filosofia e nella Première (lettres) dell'insegnamento moderno, oltre il corso di filosofia, è obbligatoria la lettura e la spiegazione di alcuni autori filosofici, in forza del decreto del 22 gennaio 1885; francesi, latini e greci nella classe di filosofia, appartenente, come si sa, all'insegnamento secondario classico; e francesi soltanto nella Première (lettres) dell'insegnamento moderno. La lista degli autori è stata modificata nel decreto dell'8 agosto 1895; e comprende[3] dei greci: un libro dei *Memorabili* di Senofonte; di Platone, il *Fedone*, il *Gorgia* e uno dei libri VI-VIII della *Repubblica*; di Aristotele, uno dei libri VIII-X della *Morale a Nicomaco*, e l'VIII della *Politica*; infine, il *Manuale* di Epiteto. Dei latini: il V del *De natura rerum* di Lucrezio, uno del *De officiis*, uno delle *Tusculane*, la *Republica* di Cicerone, e le prime 16 lettere a Lucilio di Seneca; infine i capitoli principali del *De dignitate et augmentis scientiarum* di Bacone. E tra i francesi:

Descartes, *Discorso sul metodo*; *Le meditazioni*; *I Principii*, lib. I.
Pascal, *Pensieri ed Opuscoli*.
Bossuet, *Trattato della conoscenza di Dio e di se stesso*, libri I, IV e V.
Malebranche, *Della ricerca della verità*, lib. II.
Fénelon, *Trattato dell'esistenza di Dio*.
Leibniz, *Nuovi saggi*, lib. I; sunti della *Teodicea* e la *Monadologia*.
Condillac, *Trattato delle sensazioni*, lib. I.

---

2 *Op. cit.*, p. 325.

3 L'insegnante deve scegliere un autore greco, uno latino e due francesi.

Montesquieu, *Lo spirito delle leggi*, lib. I.
Rousseau, *Il contratto sociale,* lib. I e II.
Jouffroy, Estratti.
Comte, *Corso di filosofia positiva*, 1ª e 2ª lez. Cousin, *Del buono.*
A. Bernard, *Introd. allo studio della medicina sperimentale,* part. I.
Kant, *Fondamento della metafisica dei costumi.*
St. Mill, *Logica,* tom. II, lib. VI.

E già da parecchi anni esistono in Francia collezioni classiche di opere filosofiche ad uso appunto dei licei, dove cotesti autori sono pubblicati, a tenue prezzo, con introduzioni, note e commentari, da valenti professori e studiosi, come il Brochard, i Janet, Paolo e Pietro, il Nolen, il Lyon, il Picavet, ed altri. Ho qui avanti a me la quarta edizione del *Discours sur la méthode* curata dal Brochard. Precede una succinta ma accuratissima notizia biografica e una minuta analisi del discorso cartesiano; che viene poi abbondantemente postillato, sotto il riguardo storico e filosofico. Seguono nove schiarimenti, intorno al metodo di Cartesio, al dubbio metodico, al *Cogito ergo sum*, alla teoria dell'anima, alle prove dell'esistenza di Dio (dove non si tace della critica kantiana), all'evidenza e veracità divina, all'idealismo cartesiano, alla fisica e all'automatismo delle bestie; per modo che gli alunni possano formarsi un'idea, sia pure elementare, di tutto il pensiero di Cartesio. Chiudono il volumetto estratti delle opere di Cartesio, utili per la conoscenza delle prime vicende del cartesianismo e delle sue più importanti dottrine. Chi ha messo mai un libretto simile nelle mani dei nostri alunni di filosofia?

Io non saprei approvare intera la lista di autori prescritta dai programmi francesi, specialmente dagli ultimi del 1895, che introdussero alcuni nuovi autori;[4] ma è certo che l'insegnamento filosofico fran-

---

[4] [Vedi i nuovi programmi italiani in Appendice].

cese, accoppiando alle lezioni del corso la lettura e la spiegazione dei classici, viene dando invidiabili frutti.

E in verità, a parte i fatti e gli esempi, non ci vuol molto a persuadersi che il mezzo adottato dalla Francia, è necessario ed urgente se vuolsi sollevare i nostri languenti studi filosofici. Che cosa offriamo noi oggi ai nostri scolari, che possa esercitare la loro riflessione sugli argomenti, che si vengono trattando nel corso di filosofia? Se ne eccettui, talvolta, qualche brano di Cicerone e non ardirei aggiungere di Platone, tutto il resto degli autori con cui essi hanno a che fare, cioè gli autori italiani, salvo Dante, di cui il professore di lettere italiane ha cura spesso di saltare i canti più o meno filosofici, non presentano mai una serie di vere e proprie considerazioni filosofiche. E d'altra parte, si conosce così poco di latino, e tanto meno di greco, che la lettura di Cicerone, e assai più quella di Platone riesce di troppo difficile intelligenza rispetto alla forma, perché la mente dei nostri giovani ne possa penetrare anche il contenuto. Ma già di Cicerone non c'è più se non qualche vecchio insegnante che si sobbarchi a leggere le opere filosofiche: per lo più si scelgono le parti più pedestri del *De officiis*!

Ora, a coadiuvare e corroborare quell'opera di riflessione, a cui la filosofia deve mirare nella scuola media, è evidente che occorre leggere libri veramente filosofici. È necessario che i discenti assaggino qualche parte delle più celebri e più importanti di quella grandissima letteratura, che ha prodotto il pensiero filosofico della nostra civiltà occidentale; che vedano da sé che cosa e in che modo hanno pensato i più alti intelletti, il cui nome si viene loro citando ogni giorno; che non credano che la filosofia consista in quelle scarne trattazioni, senz'anima e senza vita, messe loro innanzi nei libri di testo; che si provino a gustare quella divina commozione del vero, che palpita e freme nelle pagine dei grandi scrittori, che s'affaticarono nella ricerca di esso. È necessario sovrattutto che coi loro propri occhi assistano, leggendo i classici filosofici, alla scoperta della verità, all'atto stesso dello scoprirla, come in ogni lezione di fisica vi assistono mercé gli esperimenti di gabinetto. La verità, esposta, ripetuta e spiegata anche molto chiaramente dall'insegnante o dall'autore del testo, che si rifà dalla dottrina di un filosofo, è ben difficile che conservi tutta l'attrattiva onde primamente apparve vestita alla mente di quel filosofo; per cui riscaldò a questo l'animo, colorì lo stile, e si svelò gradualmente mediante sforzi mentali, che l'alunno deve ripetere anche lui, per riconquistare alla sua volta il vero.

Nell'opera classica è la ricerca spontanea, la ricerca, come si dice, di prima mano; quella ricerca, per cui la scienza progredisce. Ora appunto una tale ricerca nello spirito di chi ha da far progredire la propria scienza, di chi ha da riprodurre in sé la storia di questa, nello spirito insomma dell'alunno, deve sempre rinnovarsi. Nel libro di testo, nell'esposizione del docente si trova la dottrina bella e fatta; ma nell'opera classica trovi la dottrina stessa in sul farsi; questa giova veramente allo spirito del discente, sempre per quel principio supremo della metodica rosminiana, che ben si può dire il principio del metodo storico; in quanto fa riprodurre dallo spirito la storia progressiva delle sue produzioni.

Il farsi delle scienze naturali è nell'osservazione e nell'esperimento, mediante i quali, infatti, si conduce l'insegnamento loro; ma il farsi della filosofia non è se non nelle opere dei filosofi, inaccessibili, finora, ai nostri scolari. Bisogna metterle loro in mano. Voto, naturalmente, subordinato all'altro già esposto relativamente all'orario. Bisogna fondare in Italia una biblioteca classica di opere filosofiche, simile a quella che possiede già da un pezzo la Francia, e simile a quella posseduta anche da noi per i classici di letteratura italiana, pubblicata sotto la direzione del Carducci, dalla casa Sansoni di Firenze.[5]

---

[5] Sarebbe inutile ora proporre una serie delle opere delle quali si dovrebbero estrarre le parti convenienti a una tale biblioteca. Fra cent'anni, quando il mio desiderio sarà vicino a compirsi, ci si penserà. Ma tutti i testi dovrebbero essere dati in italiano.

Ma prima di fondare la biblioteca, occorre adoperarsi perché i programmi di filosofia facciano sentire il bisogno di una tale biblioteca; occorre che si sveglino tutti gli amici della filosofia in Italia e diano segni di vita; occorre che uniscano le loro voci tutti gl'insegnanti di questa disciplina, e rendano efficace presso il governo la proposta, col farne rilevare la serietà e l'utilità, nonché allo speciale insegnamento della filosofia, a tutta quanta questa nostra scuola classica, così zoppicante per tutti e otto i suoi piedi; occorre, insomma, che chi ha da dire una ragione in suo pro la dica; e chi dispone di un mezzo per confermare le ragioni da altri addotte, vi ponga mano. Disgraziatamente la mia voce è troppo debole per essere udita in alto; ma mi par troppo ragionevole e opportuna, perché non debba essere raccolta in basso, dagli amici dell'insegnamento filosofico, in difesa del quale ho voluto scrivere.

E dovrei augurarmi che la mia voce fosse da tutti raccolta, quanti sono in Italia amici e sostenitori della scuola classica; alle cui sorti sono fatalmente legate quelle del sapere nazionale. La scuola classica dal Sessanta in qua è andata sempre di male in peggio. Lo dicono tutti; né c'è bisogno perciò di spendervi parole a dimostrarlo. Ma intanto, dice il D'Ovidio,[6] «se si apre un concorso a una cattedra di greco e latino, ci si trova innanzi a una catasta di lavori filosofici, ognun dei quali nel 1860, quando si facevan le nomine badando a qualche piccolo saggio o alla presunzione che il tal dei tali avrebbe scritto di belle cose se avesse voluto scrivere, sarebbe bastato a far nominare un professore non che ginnasiale o liceale, ma universitario. Così è per l'italiano, così è per ogni altra disciplina. O donde son venuti codesti autori se non dalle scuole che si predicano tanto infeconde? dove insegnano se non in quelle?» Codesti autori son venuti

---

[6] Lettera cit., nel *Corriere di Napoli* del 18 agosto 1899.

dalle nostre scuole classiche, e insegnano in esse. Ma non mi pare che valgano tuttavia ad attestare la loro fecondità. Perché codesti autori pubblicano dotte ed elaborate memorie di letteratura greca e non sanno voltare in greco un periodo, e quando si provano a ricostruire un verso frammentario di un poeta, non riescono a mettere insieme un solo senario giambico: stampano opere voluminose di ricerche storiche concernenti la letteratura italiana, e scrivono in una lingua, che essi stessi non saprebbero qualificare, con uno stile sciatto o artifizioso, e talvolta sgrammaticano maledettamente; fanno le edizioni critiche, e non intendono il pensiero dell'opera a cui hanno tanto lavorato, quando non fanno un pasticcio, invece che una edizione critica: danno mano alle più difficili ricerche storiche e critiche anche nel campo della filosofia, e fanno talora perfin dubitare che non sappiano che cosa sia filosofia.

Mancano tutti, insomma, delle basi; mancano appunto di quel fondamento che avrebbero dovuto portare dalla scuola media, venendo all'università. Né la mancanza di un tal fondamento, chi ben guardi, è indifferente per la buona riuscita in quel genere di speciali ricerche, cui particolarmente si addicono nell'università, mediante una tecnica appropriata; che altrimenti la scuola media sarebbe perfettamente inutile. E in verità, chi vorrà credere che possa riuscire un ellenista un ignorante di greco, o uno storico della filosofia chi non s'è curato mai di formarsi un concetto della filosofia, o che possa scrivere davvero la storia della letteratura, chi dia prova di non possedere gusto letterario? – Vengono poi questi dottoroni a insegnare nei ginnasi e nei licei; ma come possono formare le teste essi che hanno tante e così gravi deficienze nella propria? – Prima non si scrivevano le dotte memorie di filologia greca, e se si presumeva di taluno che, se avesse avuto voglia di scrivere, avrebbe scritto di belle cose, non si pensava già che avrebbe potuto scrivere dotte memorie di filologia greca, sì utilissimi saggi della sua piena conoscenza della lingua e della letteratura greca

e del suo delicato gusto letterario. E quel che dicesi del greco, dicasi
in genere di ogni altra disciplina.

Non ci lasciamo ingannare dalle lustre del nostro odierno sapere.
Esso è spesso un sapere campato in aria, appiccicaticcio, appreso e prodotto in università, cui la scuola media non dà la necessaria preparazione. Le teste saranno piene di dottrina; ma, se le esaminate bene,
non sono propriamente teste, non sono organismi viventi ed attivi,
sono vasi da riempire e da vuotare; crani, non cervelli. A tutta la nostra
cultura presente manca il midollo, mancano i nervi; e si riduce a un
perpetuo travasamento, non dissimile dall'opera vana delle Danaidi.
Tutte le mode dell'arte, della letteratura, della scienza, della filosofia
sono accolte da fuori; e cadono e mutano con la volubilità delle mode.
Che cosa produce l'Italia? Forse.... la nuova scuola positiva penale e
l'antropologia criminale? Se è questo l'ideale, che abbiamo, della
scienza, tiriamo pure innanzi con la scuola media qual è.

Ma se siamo insoddisfatti del presente, se vogliamo rinnovarci, se
vogliamo sinceramente accingerci all'opera col miglioramento della
scuola classica, indirizziamo questa alla vera formazione delle teste; e
ricordiamoci che la testa non è se non ragione, spirito, e quindi riflessione, che la sola filosofia può educare: e, anziché combattere l'insegnamento di questa, riducendolo al lumicino, infondiamogli, piuttosto, novella vita, rialziamolo e restituiamogli il pristino onore. La
lotta contro la filosofia, la rinunzia volontaria e cosciente a' suoi studi
e una degradazione dell'uomo, che si distingue dal bruto, in quanto
possiede nello spirito quel principio, nel cui sviluppo consiste la filosofia. Certo l'*animal rationabile* non è bestia; ma se si paragona al
rationale, le è molto da presso. E se la scuola, secondo la giusta sentenza del Kant, ha da formare l'uomo, l'*animal rationale*, il suggello
a questa formazione è la filosofia. *Provideant consules...*

IX

AMMONIMENTI STRANIERI

Ma prima di porre termine a questa difesa della filosofia convien porgere orecchio a quello che se ne è detto recentemente in Francia, quando dai nostri vicini s'è pensato a una riforma generale della scuola media. Giacché la crisi che attraversa in Francia tutta l'istruzione media, per la lotta tra l'insegnamento governativo e quello delle Congregazioni, e per le vivaci discussioni che da un pezzo si vengono facendo intorno ai piani di studi, i programmi, i sistemi d'esami, le riforme del baccellierato, la gara tra l'insegnamento classico e il moderno, e la uniformità o varietà del primo, ha avuto, non ha guari, un'eco anche nel Parlamento; dove sono state presentate talune proposte, intese ad abrogare o modificare la legge del 15 marzo 1850. La Camera le rimise all'esame della commissione per l'insegnamento, presieduta dal Ribot; e questa ad unanimità credette opportuna un'inchiesta, la più larga che fosse possibile, sull'insegnamento medio. Ne ottenne infatti dalla seduta del 12 dicembre 1898 tutte le necessarie facoltà. Così la Commissione il 15 aprile del 1899 poteva presentare con encomiabile sollecitudine alla Camera stessa due grossi volumi in-4°, contenenti i processi verbali delle risposte a un questionario particolareggiato, raccolte dal 17 gennaio al 27 marzo; ai quali se ne aggiunsero nel corso dell'anno tre, contenenti l'analisi delle deposizioni scritte che la Commissione ricevette principalmente da parte dei membri dei corpi insegnanti, le risposte degli Uffici amministrativi dei licei e dei collegi, le deliberazioni delle Camere di commercio e dei Consigli generali.[1]

Nel presentare i primi volumi la Commissione osservava che tali inchieste possono riuscire assai utili, quando siano ben condotte e vengano a proposito; giacché una inchiesta non vale soltanto per le notizie che permette di raccogliere. Ha pure una portata morale. Prepara le riforme, destando l'interesse nel paese e obbligando coloro da cui l'esito di tali riforme dipende, a fare una specie d'esame di coscienza.

Per mio conto ho già detto la mia opinione intorno al valore delle inchieste e degli esperimenti in fatto di pedagogia. Ma certo non può non essere istruttivo il sentire che cosa ha insegnato l'esperienza e che cosa suggeriscono lunghe e ponderate riflessioni a uomini di lettere e di scienze, come quelli ascoltati dalla Commissione nei primi due tomi di questa inchiesta; e in Italia è tutt'altro che inutile rilevare che cosa sia stato detto a proposito dell'insegnamento filosofico nei licei. Servirà, se non altro, pei positivisti della pedagogia! Ecco dunque un po' di documenti.

Il primo ad accennare alla filosofia è il Gebhart, professore alla Facoltà di lettere di Parigi e membro dell'Istituto. Ma egli modestamente confessa di non aver nulla da dire in questa materia, non sentendosi abbastanza sicuro su questo terreno; modestia che non so quanti letterati in Italia imiterebbero. Tuttavia crede di avere a lamentare una cosa; che cioè i professori di filosofia abbiano ciascuno la propria filosofia.

---

[1] *Enquête sur l'enseignement secondaire, Procès-verbaux des dépositions présentés par* M. Ribot (*Chambre des Députés, septième Législ., session de 1899, annexe au procès-verbal de la 2ᵉ séance du 28 mars 1899*), Paris, 5 voll.

Je ne demande pas, qu'il y ait une philosophie universitaire; mais autrefois, dans ma jeunesse... la philosophie qu'on nous enseignait était en quelque sorte le résultat des expériences intellectuelles du genre humain, sans recherches personnelles de la part du professeur. Nos professeurs de philosophie ne se croyaient pas obligés de descendre les enfants comme au fond d'un puits de mine ténébreuse et de leur dire: «Maintenant, mes amis, faisons table rase de tout ce que vous avez connu, nous allons recommencer l'édifice des connaissances humaines». C'est un peu de bonne heure, étant donné l'âge encore tendre, indiqué par le programme, auquel on a le droit d'être élève de philosophie. (I, 60).

Osservazione ragionevole. Le ricerche personali, proprie dell'insegnante, i risultati degli studi personali non devono entrare nell'insegnamento delle scuole medie. Ma qual è il resultato delle ricerche intellettuali del genere umano?

Viene secondo un altro illustre letterato: il Brunetière. – Qual è la vostra opinione sull'insegnamento della filosofia ne' licei? – gli chiede il Presidente della Commissione. E il Brunetière subito: *«J'en suis très partisan»*. Confessa, a dir vero, che le opinioni sono in Francia un po' divise su questo punto. Ma:

> Pour moi [egli soggiunge] je crois que le transfert de la philosophie dans les universités aurait un grand avantage pour les universités, et un grand inconvénient pour l'enseignement secondaire. C'est la classe qui, vers dix-sept ou dix-huit ans, attire les jeunes intelligences par la séduction des idées, et cette raison seule suffirait pour expliquer la valeur de notre enseignement secondaire. (I, 185).

Il terzo interrogato sull'insegnamento della filosofia è il venerando Felice Ravaisson-Mollien, il benemerito studioso e editore di Leonardo. Egli, dopo aver rilevato che la filosofia nei licei non è più

costretta, come un tempo, a una specie di formulario ufficiale, e che
gode anzi, entro i larghi limiti dei programmi sommari, una grande
libertà, senza che alcuno accenni ad abusarne, osserva con manifesta
soddisfazione: «*La jeunesse la recherche et s'y allache de plus en plus.
Nombre de professeurs se sont signalés par des écrits importants*». E alla
domanda se non sia il caso di ridurre questo insegnamento, s'affretta
a rispondere che non gli sembra «né desiderabile, né possibile»; pur
convenendo che in'tutti i programmi, in generale, si potrebbe sopprimere tutto ciò che è secondario, e limitarsi all'essenziale (I, 237); che
è ciò che tutti i savi predicano, e da un pezzo, anche in Italia.

Segue Alfredo Fouillée, il notissimo filosofo e pedagogista. Il quale,
nella sua deposizione scritta, propone che si faccia, dalla 3ª (nostra 1ª
liceale) in su, una divisione dell'insegnamento liceale, in una sezione
letteraria e diverse sezioni scientifiche, dove il greco e parte anche
delle classi di latino cederebbero il posto alle scienze, matematiche e
fisiche o naturali:

> «mais avec les classes de français en commun, ainsi que les classes de
> latin fondamentales, les classes d'histoire et surtout les classes de philo-
> sophie, qui, sous aucun prétexte, ne doivent devenir pour personne
> facultatives. La philosophie est le complément nécessaire et la marque
> finale de toute instruction vraiment secondaire, qu'elle soit litteraire ou
> scientifique, qu'elle prépare au professorat, à la médecine, au droit, aux
> grandes écoles du Gouvernement et même aux grands carrières indu-
> strielles. Le cours de philosophie doit donc être obligatoire par tous; et
> il doit donc être conçu de manière à fournir aux élèves des principes
> moraux et sociaux, dont nous avons plus que jamais besoin dans notre
> époque de dissolution religieuse». (I, 271).

Per dir la verità, io sono ben lontano dal parere del Fouillée intorno alle ragioni dell'insegnamento filosofico e però son anche alieno

dal crederlo obbligatorio anche per coloro che s'avviano alle industrie, grandi o piccole che queste sieno. Propendo anch'io a ricordare quel luogo di Cicerone: *Hoc primum intelligamus, hominum esse duo genera*...[2] Non che il *genus* proprio delle carriere industriali sia, come dice Cicerone, *indoctum et agreste, quod ante ferat semper utilitatem honestati*; ma di certo è troppo diverso da quell'altro *humanum et expolitum*, a cui si può dire che la vera scuola classica debba mirare. L'affermazione del Fouillée, ad ogni modo, per gli amatori dei documenti pedagogici, depone anch'essa in favore della stessa tesi che è difesa in questo libro. Egli lamenta, come una delle cause della crisi odierna dell'insegnamento secondario in Francia,

> «les débouchés successivement accordés à l'enseignement moderne par différents ministres (sans consulter l'université) et qui l'ont orienté à rebours de sa destination vers les carrières réservées jadis aux classiques». (I, 270).

Citazione forse inopportuna oggi in Italia!

Una quarta deposizione sul merito dell'insegnamento filosofico è fatta da un altro filosofo: dal kantiano Giulio Lachelier. Il quale dopo una lunga carriera d'insegnante ne' licei e nell'*École normale*, è da parecchi anni ispettore generale dell'Istruzione pubblica, addetto specialmente alle classi di filosofia: uno insomma che s'intende abbastanza di ciò di cui parla; caso non troppo comune, forse, a questi lumi di luna. Il presidente della Commissione gli domanda, se non creda eccessiva la parte fatta alla filosofia nell'insegnamento dell'ultimo anno. E lui: – «Non, monsieur le Président. Du reste, il n'y a pas eu de changement de ce côté (*con l'istituzione dell'insegnamento moderno*); la philosophie a, dans l'enseignement secondaire, la part qu'elle a toujours eue». Interrogato se sia anche lui dell'avviso di colo-

---

[2] *De partit. orat.*, XXV, 50.

ro che vorrebbero sostituire all'insegnamento filosofico una rassegna
storica dei sistemi, continua:

> Il faut laisser les professeurs libres de faire prédominer dans leur ensei-
> gnement, selon leur inclination particulière, l'esprit dogmatique ou
> l'esprit historique. Mais je ne crois pas qu'il soit possible de substituer
> purement et simplement l'histoire de la philosophie à la philosophie.
> Les systèmes des philosophes n'ont de sens que pour un esprit déjà
> familier avec les questions philosophiques.

Il Ribot gli fa osservare che, secondo altri, la filosofia nel liceo
sarebbe un'anticipazione dell'insegnamento superiore.

> Cela est vrai [dice il Lachelier]. Mais la philosophie est, au fond,
> matière d'enseignement supérieur. Pour moi, l'enseignement primaire
> donne un savoir empirique, destiné à être utilisé sans réflexion.
> L'enseignement supérieur donne un savoir raisonné, que l'étudiant doit
> s'approprier en le soumettant à une critique personnelle. Le propre de
> l'enseignement secondaire est de donner, non un savoir, mais une cul-
> ture: il doit consister, suivant un mot excellent de M. Fouillée, dans une
> lente imprégnation de l'esprit. La philosophie est un savoir et celui de
> tous qui doit être le plus réfléchi et le plus personnel: il faut donc avo-
> uer qu'elle rentre dans l'enseignement supérieur.

Non so quanto sia giustificabile il criterio distintivo dei tre ordini
di scuole, esposto qui dal Lachelier; certo, la *critique personnelle*, in
maggiore o minor grado è condizione imprescindibile di ogni sorta
d'insegnamento, universitario o elementare, nonché secondario; poiché non c'è sapere senza costruzione soggettiva. Ma se la distinzione
tra la *culture* propria della scuola secondaria e il *savoir* dell'università,
si ha da intendere, – come pare che unicamente si possa, – come

distinzione tra la formazione e addestramento delle attitudini o facoltà mentali e l'acquisizione, resa quindi possibile, d'uno speciale contenuto scientifico, certo essa, come s'è dimostrato, induce a ritenere elemento necessario e integrante dell'insegnamento secondario lo studio non dico di tutta la filosofia, ma di quella parte che può dirsi la filosofia dello spirito, comprendente su per giù la materia dei nostri programmi. Il Lachelier ha ragione, bensì, in Francia; dove nei licei si fa studiare la metafisica. E, comunque, quando il Ribot gli domanda: *Néanmoins vous êtes d'avis de la maintenir dans l'enseignement secondaire?* – egli risponde subito di sì, notando che, se la filosofia appartiene *en principe* all'insegnamento superiore, *peut tout aussi bien être faite au lycée que les classes dites élémentaires, qui sont devenues aujourd'hui, en réalité, des classes primaires.* (I, 327).

Sicché anche il Lachelier è favorevole al nostro insegnamento. Né poteva non essergli del pari favorevole quel più valoroso e non meno illustre rappresentante degli studi filosofici, Emilio Boutroux, che nel 1894 aveva spezzato una poderosa lancia in difesa dell'insegnamento filosofico.[3] Appassionato studioso di questioni pedagogiche, esperto conoscitore degli ordinamenti germanici studiati da vicino, innanzi alla Commissione d'inchiesta egli ha fatto una delle più belle e concludenti deposizioni. Rileva a un certo punto la tendenza invalsa anche nei licei francesi (tutto il mondo è paese), ad oltrepassare i limiti propri d'un insegnamento medio; *à introduire l'enseignement supérieur dans l'enseignement secondaire*; come in tutte le altre discipline, così anche in filosofia. Poi soggiunge:

Bien que, dans ce domaine les limites soient plus difficiles à marquer, je pense que l'enseignement de la philosophie lui-même comporte des

---

[3] Nella polemica accennata sul principio di questo volume dibattutasi nella *Revue politique et littéraire (Revue bleue)* del 1894.

degrés. Au lieu de faire étudier aux jeunes gens le détail des théories
actuelles sur la perception extérieure, il serait plus pratique de leur
enseigner les doctrines morales des Grecs et des Romains, dont nous
vivons aujourd'hui encore, et les principes fondamentaux de la philosophie générale, de la psychologie et la logique, qui, incorporés à l'intelli-
gence, accroissent sa capacité et sa hauteur pour tous les usages de la vie.
Il faudrait que l'enseignement du lycée fût élémentaire en philosophie
comme en toute autre matière.

E in questo siamo tutti d'accordo, mi pare.

Je ne souhaite pas (dichiara il Boutroux) que, sur ce point, nous imi-
tions les Allemands. L'enseignement de la philosophie est, en somme,
l'un de ceux qui sont chez nous les plus prospères. Les élèves s'y intéres-
sent vivement. Il est donné par des hommes très distingués. Qu'il reste
lui-même, qu'il se garde de substituer la matière morte de l'érudition à
la vie de l'esprit, et il contribuera, pour sa part, à maintenir ce dé-
vouement aux choses idéales, qui reste l'honneur de notre pays (I, 336).

Né anche in questo, pur troppo, il Boutroux ha torto. Dove sono i
nostri ideali? Non è molto, un nostro onesto scrittore scriveva dolo-
rosamente, e con ragione: «Guadagnare e godere, ecco le due mete
supreme in questa generazione da mercanti e da dissoluti. Io mi volto
indietro, studio la vita de' nostri vecchi, e senza essere molto avanti
in età, né avere il proposito di lodare ad ogni costo il passato, pieno
di vergogna, e con la faccia tra le mani, son costretto a mormorare: la
generazione passata valeva meglio, assai meglio di noi. Così m'in-
gannassi!» [4] E, ahimè, non s'ingannava: anche nella scuola si continua
a dar la caccia agl'ideali!

---

[4] FR. FIORENTINO, Pref. all'*Epistolario* di L. SETTEMBRINI, Napoli, Morano, 1883.

Adunque Gebhart, Brunetière, Ravaisson, Fouillée, Lachelier, Boutroux incoraggiano tutti il Parlamento francese a conservare e a favorire l'insegnamento della filosofia. Ma ecco una nota scordante: è quella d'un filosofo, ma positivista; filosofo e non filosofo, autore d'una storietta della filosofia sperimentale in Italia, che Dio gli perdoni: l'Espinas (I, 407-8). E già che cosa non c'è da aspettarsi da un positivista?

Filosofo e non filosofo: perché l'Espinas è uno di quelli che non ci credono più alla filosofia, e si può temere perciò di offenderli col titolo di filosofi. Uno di quelli per cui non esiste più altro che la psicologia fisiologica e la sociologia, che non sono certo filosofia. Ed è naturale quindi che confessi d'aver de' dubbi intorno all'insegnamento filosofico. Ha torto quando aggiunge che «ce doute tient à plusieurs causes». Che plusieurs! La causa vera è una sola: che la filosofia non esiste. Come insegnare ciò che non esiste?

Ma l'esposizione di coteste diverse cause, che, salvo errore, si riducono poi a due sole, è veramente amena, e mette conto di riferirla, almeno in parte. L'Espinas dice:

> D'abord je me demande si la nation a besoin d'un aussi grand nombre de dialecticiens et de métaphysiciens. L'enseignement secondaire, tant ecclésiastique que laïque, en jette environ cinq mille par an «dans la circulation». C'est peut-être beaucoup.

Sarebbe, senza peut-être, troppo; ma se l'Espinas li dovesse poi additare ad uno ad uno, questi cinque mila dialettici e metafisici, si troverebbe in un bell'impiccio. O forse una classe di filosofia basta a improvvisare i dialettici e metafisici? Non so se un anno di studi elementari basti a creare un positivista, ma un metafisico certo no: né uno, né due anni, né tre. La classe di filosofia potrà formare un certo abito di riflessione, e cinque mila cittadini tra i più colti della

Repubblica che possedessero davvero un tale abito, via! non mi sembrerebbero né troppi, né molti.

Ensuite les élèves des maisons ecclésiastiques y réussissent si bien que cela m'inquiète. L'institution a eu pour origine la guerre contre le cléricalisme. Lorsque Cousin a fondé l'enseignement de la philosophie, il a cru, et tout le monde autour de lui, dans le parti libéral, a cru remporter une victoire sur la réaction. Je me demande comment on a pu arriver à un résultat aussi différent de celui qu'on poursuivait.

La risposta potrebbe essere questa, che il clericalismo in Francia ha radici molto più profonde che l'insegnamento; e dipende da interessi privati e sociali, che sono al di là della scuola; e che, d'altra parte, nella scuola il clericalismo è stato realmente vinto dall'istituzione del Cousin, perché se non altro, vi ha comunque perduto quella gran forza, onde prima aveva la prerogativa, dell'insegnamento filosofico. Che importa che gli alunni degl'istituti ecclesiastici riescano bene in filosofia? Tanto di guadagnato: ci riuscissero meglio!

Ma l'Espinas ha un'altra risposta:

C'est que l'enseignement de la philosophie, placé dans une classe de collège, est nécessairement immobilisé, il s'ankylose, il est condamné à l'orthodoxie; si bien que l'enseignement est resté exactement ce qu'il était il y a plus de soixante ans.

Veramente, a dare una semplice occhiata alla produzione filosofica francese contemporanea, parrebbe il contrario; e il contrario deporrà, poco dopo l'Espinas, un altro autorevole francese. Ma già lo stesso Ribot fa gentilmente osservare all'Espinas, che, almeno all'apparenza, dall'aspetto esteriore, una certa differenza fra i trattati d'una volta e quelli d'oggi c'è: le formule non sono più quelle, *l'appareil est plus scientifique.* E l'Espinas:

> Sauf dans certaines grandes classes, cela n'a plus beaucoup changé. Je retrouve au baccalauréat non seulement les formules, l'esprit et le genre de style que nous employons il y a trente-cinq ans, mais les arguments traditionnels, et jusqu'à la manière de poser les questions, et tout cela alors était déjà vieux! Non, cet enseignement, dans son ensemble, ne s'est pas renouvelé. M. Renouvier disait en 1842: «L'éclectisme n'a pas fini sa tâche; il la commence». Et, en effet, c'est toujours une philosophie éclectique que nous enseignons.

Insomma, è il vecchio odio del positivista francese contro l'eclettismo ufficiale, che parla per bocca dell'Espinas. Oggi forse un odio postumo. Certo non siamo più nel 1856, quando il Taine (bene o male) aveva motivo di scagliarsi contro *Les philosophes français du XIX siècle*, in un volume pieno di spirito ma pieno anche di spropositi. Oggi, se è superato l'eclettismo, anche il positivismo in Francia, – almeno quel positivismo, – comincia a diventare un'anticaglia.

> La philosophie au dehors s'est beaucoup renouvelée; deux faits considérables se sont produits: la psychologie s'est faite, elle est adulte maintenant (*la psicologia dell'Espinas, la psicologia fisiologica, adulta?!*), et la sociologie commence à se faire (*Ci siamo!*). Or ces deux sciences ne peuvent guère s'enseigner au lycée, parce que pour la psychologie il faut un laboratoire et une clinique, et il a peu de chances qu'on puisse annexer un laboratoire avec ses expériences longues et minutieuses et une clinique, surtout avec des sujets femmes hystériques, à la classe de philosophie.

Non ci mancherebbe altro!

Dunque, l'Espinas vorrà introdurre l'insegnamento della sociologia nei licei? Né anche la sociologia; perché questa comprende la scienza delle religioni, che non è roba da ragazzi. Dunque?

> On se rejette sur une psychologie verbale, sur une morale en formules et sur une métaphysique qui n'est qu' un'écho de la théologie.

Se si vuol laica la scuola, la filosofia dev'esserne bandita; e l'anno della classe di filosofia si può ben più inutilmente impiegare nella storia della... filosofia, delle scienze e delle arti. Storia, che diverrebbe a poco a poco una storia della civiltà. Ma, di grazia: quella storia della filosofia non farebbe rientrare dalla finestra la filosofia cacciata dalla porta?

Ma lasciamo pure l'Espinas ad architettare un programma che raccolga la storia della civiltà in un anno di studi secondari. In fine egli è meno feroce degli abolizionisti italiani; perché, conservando la storia della filosofia, conserva... tutta la filosofia; e passiamo al contradittore dell'Espinas: il signor Jaurès, già professore anche lui, ora tra i più noti deputati del parlamento.

Il presidente gli domanda: – Vi pare che l'insegnamento della filosofia nei licei produca buoni risultati? E il Jaurès: «*Je le considère comme tout à fait remarquable*». – Non vorreste ridurlo? Non vi pare che occupi troppo posto? –

> Non, monsieur le Président. Il me paraît impossible que l'État donne l'éducation classique à la bourgeoisie, sans que cette éducation soit couronnée par le résumé, par l'interprétation systématique de tout ce qui a été appris, et c'est là, en somme, la définition de l'année de philosophie.
> – Il s'est produit, dans l'enseignement de la philosophie, depuis quinze ou vingt ans, en France, un mouvement, un renouvellement tout à fait remarquable; les études historiques et philosophiques ont subi, depuis une vingtaine d'années, en France, une modification très considerable,

et le baccalauréat n'y est pas étranger. J'ai constaté que les professeurs qui s'attardaient dans une philosophie un peu immobile, qui ne se tenaient pas au courant des nouveaux travaux, étaient obligés de rejoindre leurs collègues plus avancés, par les exigences du baccalauréat; j'ai constaté également que le baccalauréat bien loin d'être un moyen d'uniformité dépressive, était, au contraire, un moyen de progrès uniformes, car il obligeait les professeurs de renseignement secondaire à se renouveler et à suivre le mouvement qui entraîne les professeurs de l'enseignement supérieur.

Proprio tutto l'opposto delle asserzioni dell'Espinas!

En particulier (continua il Jaurès), l'étude de la philosophie allemande et anglaise, celle de la philosophie positive, celle de la psychologie physiologique, qui traite de la mesure des sensations, etc., en un mot, toutes les études nouvelles ont pénétré dans le dernier de nos collèges, grâce au baccalauréat, avec une rapidité probablement dix fois plus grande qu'elles n'y eussent pénétré sans ce stimulant.

Il Jaurès, adunque, ci assicura che gli studi più recenti son penetrati nell'ultimo dei collegi francesi. E dire che l'Espinas non faceva eccezione se non per *certaines grandes classes*, nelle sue critiche pessimistiche e nelle sue accuse d'anchilosi lanciate alla filosofia dei licei. Come si spiega questa contraddizione? – Questi sono gli ammaestramenti delle inchieste! Il Jaurès è convinto che perfino l'insegnamento ecclesiastico, malgrado tante difficoltà, è stato obbligato dall'azione del baccellierato *à se moderniser*. (II, 42).

Risoluto difensore dell'insegnamento filosofico si mostra anche il Belot, professore al liceo *Louis le Grand* e membro del Consiglio superiore della P. I. Ritiene che gioverebbe accrescere la parte delle scienze nelle classi di lettere, scemando l'insegnamento del greco e del latino. Allora si potrebbe richiedere da tutti gli alunni un anno di studi filosofici, o almeno aumentare la parte della filosofia nella classe di matematiche elementari, dove l'orario già minimo di tre ore consacrato alla filosofia è stato ridotto a due ore per settimana, e quel che è peggio, da due classi a una sola. Infatti, se i giovani avessero già una preparazione scientifica sufficiente, si potrebbe diminuire la dose delle scienze e aumentare appunto la filosofia. «*Vous me direz que je suis orfèvre. Mais nous avons la faiblesse de croire que l'enseignement philosophique est par excellence celui qui éveille l'esprit*».

La riforma ultima del baccellierato obbliga tutti gli alunni a una classe di rettorica. Ottime intenzioni. Ma che è la rettorica? È una 2ª superiore, dice il Belot.

> Les élèves pressés passent de rhétorique en élémentaires, sautant leur philosophie, c'est-à dire la seule classe originale par rapport aux études antérieures. Quelques élèves intelligents et mieux avisés passent au contraire leur première partie de baccalauréat à la fin de leur seconde et entrent directement en philosophie, sautant la rhétorique, puis ils vont en élémentaires où en général, *les élèves, ayant fait une philosophie, ont une supériorité, marquée par la culture, la méthode, la logique, l'habitude de la réflexion, toutes qualités que la classe de philosophie développe infiniment mieux, et sans conteste possible, que les classes précédentes.* (II, 197).

Né minore entusiasmo per l'insegnamento filosofico dimostra il Darlu, professore alla Scuola normale femminile di Sèvres e di Fontenay-aux-Roses.

> Je suis convaincu – vous pourrez penser que mon métier m'a mis des oeillères – je suis convaincu que la classe de philosophie doit être conservée dans les lycées, aussi bien d'ailleurs pour l'enseignement moder-

ne que pour le classique, comme étant la classe qui couronne, qui parfait la culture secondaire.

E continua in questo tono, esaltando l'importanza dell'insegnamento filosofico:

> Un de mes collègues et amis, M. Espinas, m'a avoué qu'il avait demandé devant vous la suppression de la classe de philosophie des lycées. M. Espinas est très préoccupé, comme nous sommes bien forcés de l'être tous, de la lutte de plus en plus ardent de l'Église catholique contre l'enseignement laïque et national. Il croit voir que la philosophie universitaire donne la main en quelque sorte à l'Église et aide la diffusion de l'esprit théologique. – Cela est possible. Mais ce n'est pas une raison pour que nous sevrions notre enseignement de tout aliment spirituel. Si l'on a des adversaires qui se nourrissent de bonne viande, on ne doit pas s'abstenir d'en manger. L'enseignement, qu'il soit laïque ou ecclésiastique, a besoin d'idées spirituelles. On ne peut faire l'économie d'un idéal moral et social. (II, 357).

Infine, il Blondel, dottore in lettere, già professore alla Facoltà di diritto di Lione e di lettere di Lilla, inviato più volte in missione, specialmente in Germania, prima dal Ministro della P. I. e poi dal Musée social, e già occupatosi molto della riforma dell'insegnamento ne' suoi rapporti con lo sviluppo economico del paese, vorrebbe si trasformasse buona parte dei licei classici in licei moderni, sul tipo del *Realgymnasium* tedesco. Si dichiara partigiano del sistema tedesco anche riguardo all'insegnamento filosofico; preferirebbe pertanto che la filosofia si rimandasse all'Università. Ma «*Je me contenterais*» egli soggiunge, «*d'un cours élémentaire de logique et de morale*» (II, 446).

Questi i documenti dell'inchiesta francese. I quali consigliano anch'essi a mantenere e rinvigorire il nostro debole insegnamento filosofico dei licei. Che se qualcuno osservasse che non s'è udita in queste citazioni se non quasi una sola campana, la campana dei filosofi; io risponderei che non è colpa mia se chi non s'è mai occupato di filosofia tra quei valentuomini andati innanzi al signor Ribot, non abbia voluto dar di piglio al battaglio dell'altra campana. L'un altro e ben significante ammaestramento per noi italiani, che dimentichiamo così spesso quell'aureo pensiero del nostro Leopardi, che il più certo modo di celare agli altri i confini del proprio sapere, è di non trapassarli.

APPENDICE

Credo qui opportuno riprodurre due documenti ufficiali, che si possono considerare la conclusione del dibattito da me aperto in questo scritto di venticinque anni fa. Il primo è il programma di filosofia per gli esami di maturità allegato al Progetto di legge sull'esame di stato del ministro Croce (1921). Il secondo è il programma per gli stessi esami emanato col R. D. 14 ottobre 1923.

I.

Prova orale. – Dura non meno di 20 minuti e si svolge nel seguente modo:

1. Relazione di uno dei testi compresi nelle serie 3ª e 4ª del seguente elenco (*A*). Il candidato deve dare prova di averlo studiato direttamente, e di averne inteso il contenuto e lo spirito.

2. Illustrazione critica di un passo, scelto dalla commissione esaminatrice, di uno dei testi compresi nella serie 1ª e 2ª e studiati dal candidato. Il quale passerà quindi ad esporre in modo analitico e ragionato il testo relativo nel suo svolgimento e logico organismo, e risponderà ad interrogazioni sugli antecedenti e sulle conseguenze storiche della dottrina esposta, con opportuni riferimenti e notizie occasionali circa la vita, gli scritti e le dottrine principali di filosofi maggiori e di celebri scuole filosofiche.

Il candidato deve avere studiato sei testi, uno per ciascuna delle prime due serie, e due per ognuna delle altre due (si considerano come un solo testo quelli elencati nello stesso numero), e un sommario di storia della filosofia.

È data facoltà al candidato di studiare degli autori compresi nel seguente elenco altre opere o altre parti delle stesse opere ivi indicate, purché le une e le altre riguardino i problemi della conoscenza e i problemi morali.

Sono consentite le traduzioni.

(*A*) TESTI FILOSOFICI.

Prima serie:

1. Platone, *Eutifrone* e *Teeteto*.
2. Platone, *Protagora* e *Menone*.
3. Platone, *Ippia maggiore, Ione* e *Fedro*.
4. Platone, *Filebo* e *Politico*.
5. Aristotele, *De anima* (estratti).
6. Aristotele, *Metafisica* (estratti).
7. Bacone, *Novum Organimi* (estratti).
8. Descartes, *Discorso sul Metodo* e lib. I dei *Principii di filosofia*.
9. Descartes, *Meditazioni* ed estratti delle *Risposte alle obbiezioni*.
10. Spinoza, *Etica,* parte I, ed estratti della II.
11. Vico, *Antologia degli scritti: Autobiografia, De antiquissinia Italorum sapientia, Scienza Nuova* 1ª e 2ª.
12. Kant, *Critica della ragion pura* (estratti).
13. Kant, *Prolegomeni*.
14. Hegel, *Enciclopedia* (Introduzione; Parte I, preliminari §§ 19-78, ed estratti della Parte II).

Seconda serie:

1. Platone, *Critone, Alcibiade maggiore* e *Gorgia*.
2. Platone, *Convito* e *Fedone*.
3. Platone, *Repubblica,* lib. V, capp. 18-22 e lib. VI e VII.
4. Aristotele, *Etica a Nicomaco* (estratti).
5. Kant, *Critica della ragion pratica* (estratti).
6. Kant, *Fondazione della metafisica dei costumi*.

1. Nella filosofia non c'è una parte elementare diversa da una parte più propriamente dottrinale e sistematica; poiché le difficoltà che la riflessione filosofica mira a superare, si presentano tutte fin da principio insieme con un modo iniziale di superarle, e tutti i problemi filosofici, nel loro complesso, si vengono più o meno esplicitamente maturando in una con le loro soluzioni. Se pertanto non ci sono problemi per chi comincia e problemi per chi è già provetto nello studio della filosofia, le stesse questioni in cui si è travagliato il pensiero dei più grandi filosofi, che sono poi gl'interpreti di ciò che è più addentro nella mente e nel cuore di tutti gli uomini, devono cominciare ad esercitare la riflessione giovanile appena essa si volga a questi più profondi interessi spirituali, per divenire quindi con gli anni materia sempre più profonda d'idee e suggestioni intellettuali e morali.

2. La filosofia è sistema, non come insieme totale di parti definite, sibbene come implicazione di tutte le questioni in ciascuna e impossibilità di fermarsi a un solo aspetto delle cose, cioè di fissare un'idea senza determinare le sue relazioni con tutte le altre. Questo il carattere specifico del sapere filosofico; indi la sua speciale virtù educativa. Tale essendo il suo carattere, non tanto giova nel suo studio la conoscenza di un trattato elementare, quanto la profondità della riflessione sopra i singoli problemi meditati con rigore filosofico. Questa è la mèta cui si deve tendere; e di questa, unicamente di questa, si deve dar saggio nell'esame mediante l'illustrazione o il commento di grandi opere classiche, di quelle che per originalità e slancio del pensiero hanno fatto epoca, e attraverso secoli e millenni sono state e sono oggetto e incentivo di sempre nuove indagini.

3. La filosofia è libertà spirituale; e né insegnanti possono impartirla, né scolari apprenderla altrimenti che come esercizio e allenamento dell'intelletto e di tutto l'animo sopra argomenti che siano, per dir così, cote alla spontanea, critica e assolutamente libera attività personale. Non quindi affermazioni o negazioni da impararsi come attra-

verso un catechismo; ma vigorosi pensieri che, studiati con la maggior possibile penetrazione, mettano in moto lo spirito e lo stimolino a guardare dall'alto e a guardare in alto.

4. La filosofia è viva nella sua storia: storia sempre aperta e vivente nello spirito umano che la perpetua, e in cui, come ogni vivente, ha organismo e unità. Essa perciò non può essere studiata altrove che nei documenti della sua storia; e prima nei maggiori, a cui i minori sempre si riferiscono e si riannodano. Studiata storicamente, e quindi criticamente: in modo che sopra ogni punto studiato si rifletta, per quanto è possibile, la luce di tutto lo svolgimento storico, dove ogni verità ha il suo posto, e si connette e concilia con le altre, non sta da sé come qualcosa di dommatico e di assoluto.

5. La storia della filosofia è svolgimento e sistema di concetti; ma di concetti formulati in certi luoghi e tempi da uomini, che ebbero occasione a formularli dalle varie contingenze della loro vita nella società in cui vissero. Perciò uno studio storico della filosofia, anche ristretto a pochi punti, non può prescindere da un sommario storico generale, che aiuti chi intraprende questo studio ad orientarsi ed a connettere il pensiero filosofico con l'elemento positivo della storia del mondo in cui egli vive, e da cui la filosofia non deve sequestrarlo.

Si avvertirà infine che l'elenco dei testi qui sopra proposti vuol servire unicamente come pratico strumento che assicuri ad esaminatori e ad esaminandi il modo d'incontrarsi in argomenti non improvvisi in quella conversazione in cui l'esame dovrà consistere, rispettando nei candidati la più ampia libertà d'indirizzo speculativo. Intera libertà è riservata del pari agl'insegnanti delle pubbliche scuole nella scelta delle letture che essi credessero di fare o suggerire agli alunni oltre quelle prescritte per l'esame, e nella scelta dell'ordine da seguire nello svolgimento del loro programma e dei metodi da adottare nello studio dei vari testi, sia con chiarimenti e discussioni orali, sia con esercitazioni scritte, atte a provare i giovani in trattazioni personali degli argomenti studiati in scuola o a casa.

II.

1. Il problema della conoscenza. – Il candidato comenterà passi da una delle seguenti opere o gruppi di opere, inquadrando storicamente e teoricamente la dottrina esposta:

Serie A:

Platone, *Eutifrone* e *Teeteto*.
Id. *Protagora* e *Menone*.
Id. *Ippia maggiore, Ione* e *Fedro*.
Id. *Filebo* e *Politico*. Aristotele, *De Anima* (estratti).
Id. *Metafisica* (estratti). Bacone, *Novum Organum* (estratti).
Descartes, *Discorso sul Metodo*, e I libro dei *Principii di filosofia*.
Id. *Meditazioni*, ed estratti dalle *Obbiezioni e risposte*.
Spinoza, *Etica*, parte I ed estratti dalla II. Vico, Estratti dall'*Autobiografia* e dalla *Scienza Nuova*. Kant, *Critica della ragion pura* (estratti). Id. *Prolegomeni*.
Hegel, *Enciclopedia* (Introduzione, preliminari §§ 19-78 ed estratti dalla parte III).

2. Il candidato esporrà una delle seguenti opere e parti di opere, inquadrando sempre storicamente e teoricamente la dottrina esposta:

Serie B:

Lucrezio, *De rerum natura* (lib. II a V). Giordano Bruno, *De la*

causa, principio e uno. Galilei, *Antologia.*
Bacone, *Cogitata et visa,* e lo schema del *De Dignitate,* lib. II-IX.
Locke, *Saggio sull'intelletto umano* (estratti).
Leibniz, *Nuovi saggi.* Prefazione e lib. I.
Berkeley, *Trattato sui principii della conoscenza umana.*
Hume, *Trattato sulla natura umana* (un libro, con estratti dei *Saggi*).
Condillac, *Trattato delle sensazioni* (estratti).
Galluppi, Estratti dalle *Lettere fdosofiche* e dalle *Lezioni.*
Schopenhauer, *Il mondo come volontà e rappresentazione,* lib. I.
Rosmini, *Introduzione alla filosofia* (estratti). Id. *Nuovo saggio* (estratti).
Gioberti, *Introduzione allo studio della fdosofia* (estratti). Id. *Protologia* (estratti).
Herbart, *Introduzione alla filosofia* (Preliminari e Logica).

3. Il problema morale. – Il candidato commenterà passi scelti di una delle seguenti opere o gruppi o parti di opere, inquadrando storicamente e teoricamente la dottrina esposta:

Serie C:

Platone, *Critone, Alcibiade maggiore, Gorgia.*
Id. *Convito* e *Fedone.*
Id. *Repubblica* (estratti).
Aristotele, *Etica a Nicomaco* (estratti).
Kant, *Critica della r. pratica* (estratti).
Id. *Fondazione della metafisica dei costumi* (estratti).
4. Indi il candidato esporrà una delle seguenti opere inquadrando storicamente l'autore prescelto:

Serie D:

Aristotele, *Politica* (estratti).

Cicerone, *Tusculane*, lib. IV ed estratti degli altri libri; *De officiis.* Seneca, *Lettere scelte a Lucilio*, ed estratti dai *Trattati morali.*

Epitteto, *Manuale.*

Epicuro, *Massime capitali.*

Marco Aurelio, *Ricordi.*

Antologia dal Nuovo Testamento.

Hobbes, *Leviatano* (estratti).

Leibniz, *Teodicea* (estratti dalla I e III parte).

Rousseau, *Contratto sociale.*

Bentham, *Deontologia* (estratti).

Manzoni, *Appendice* al cap. III della *Morale Cattolica.* Fichte, *La missione del dotto.*

Guglielmo di Humboldt, *I limiti dell'azione dello Stato.*

Hegel, *Filosofia del diritto* (estratti).

Rosmini, *Principii della Scienza morale* e *Storia comparativa e critica dei sistemi intorno al principio della morale* (estratti).

Spaventa, *Principii di Etica.*

Oltre questa prima forma di esame, ne è ammessa una seconda nella quale il candidato esporrà quattro delle opere sopra elencate (leggendo e commentando alcuni passi a scelta dell'esaminatore) come documento di quattro fondamentali indirizzi filosofici (p. es. intellettualismo, empirismo, criticismo, idealismo), inquadrando storicamente gli autori prescelti).

(Durata dell'esame: 25 minuti).

AVVERTENZE

Poiché studiare filosofia non significa già studiare certa determinata materia, ma sollevarsi a considerare filosoficamente certi problemi,
non c'è nella filosofia una parte elementare diversa da quella propriamente dottrinale e sistematica. Ci sono, invece, problemi fondamentali (conoscenza e moralità) e atteggiamenti fondamentali
dello spirito (intellettualismo, empirismo, criticismo, idealismo). Si
ammettono i due tipi d'esame. Uno che faccia svolgere e chiarire i
due problemi della conoscenza e della moralità; l'altro che faccia
esporre e valutare i quattro atteggiamenti fondamentali di cui sopra.
  In ogni caso, i problemi mostrano tutto il loro valore nella trattazione che ne han fatta i grandi filosofi, i quali li hanno vissuti con
tutta l'originalità e la profondità del loro spirito, laddove si inaridi-
scono negli espositori di seconda mano. E poiché filosofare è soprattutto esercitare la libertà del pensiero, anzi formarla nel riarco-
scimento e nella instaurazione delle intime leggi dello spirito, non si
richiederà mai nell'esame di filosofia uno sforzo della memoria impe-
gnata in astratte affermazioni o negazioni, ma si vorrà la penetrazione del pensiero altrui che sia slancio e moto del pensiero stesso del
candidato.

INDICE

www.ingramcontent.com/pod-product-compliance
Lightning Source LLC
Chambersburg PA
CBHW031841090426
42741CB00005B/320